사주, 관상으로 논하는 건강과 질병

통변의 정석-❶

움직이는 만큼
오래 산다

한명호 엮음

방역이우선!

☯ 도서출판 두원-출판미디어 ☯

사람이 죽고 사는 것도 과연 팔자일까?

악착같이 살려고 해도 결국에는 죽는 사람이 있는가 하면, 죽고 싶어도 뜻대로 안 되어 힘들고 살자니 고생이요, 죽자니 청춘이요, 가족이 걱정이라 이래저래 힘들게 생(生)을 영위하는 사람들도 많다.

세상은 참으로 불공평하다고들 말하지만 그것은 스스로를 잘 알지 못하고 하는 말이요, 겉치레에 불과한 것이다.

다 틀에 짜여 진 정하여진 길이 있는 것이다.

그 길이 마음에 안 들면 그 길을 벗어나, 원하고 뜻하는 다른 길로 가야한다.

본인(本人)의 뼈를 깎는 노력과 인내로서 그를 극복하면 되는 것이다. 그러나 그것이 어디 그리 쉬운가? 하지만 그것을 극복하고 이겨나가는 사람도 있다. 그런 사람을 우리는 대단하다는 평가와 함께 선망의 대상이 된다.

스스로를 다스리고 분수를 알고 그에 알맞게 모든 처신, 행동을 하는 것. 역학을 배우고 연구하는 것도, 그에 근접하는 노력을 하고 행하기 위해 하는 것이 아닐까?

사람이 가장 고통스러울 때는 언제일까?

건강이 여의치 못하여 몸이 불편하고, 아플 때 일 것이다.

그러면 찾는 곳이 병원이요, 의사이다. 만감이 교차한다는 말이 나온다.

또한 소중한 사람이 그리워지기도 한다.

아무리 웰−빙이라도 우리는 평시 건강 할 때는 건강의 소중함에 대하여 크게 그에 대한 존재를 의식 하지 못한다. 지나친 과신을 하곤 한다.

혹시나 아픈 사람을 볼 경우나, 불행한 소식에 접할 경우, 나도 혹시 하고 관심을 나타내고, 어느 정도 나이가 들고 나면 그때서야 건강의 이상을 느껴 예방이라는 차원에서 스스로 돌아보며 몸에 대한 관리를 하기 시작한다.

물론 주변에 관심이 나보다 많은 사람이나, 그러한 환경에 처할 경우 남보다 일찍 관심을 갖고 주의하여 보기도 하지만, 그래도 가끔은 깜빡하는 것이 살면서 지나오는 과정이다.

결코 전문적인 내용도 아니고, 그렇다고 그냥 지나칠 사안도 아닌 것이 우리 역학(易學)을 공부하는 사람들이 가져야 할 관심이요, 필수사항 이다.
 각자의 내공에 따라 판단하는 기준도 제각각 달라 질 것이다.
의학(醫學)을 공부하고, 연구(硏究)하는 사람이 역학에 관심을 갖고 이쪽에 더 세분화하여 정진한다면 그보다 더 좋을 수는 없을 것이다.
실제로 그런 분도 계시고 있으니 더욱 기대가 커진다.
그러나 대다수 사람들은 그런 경지(境地)에 오르지는 못한 것이 사실이다.
그래서 본인도 마찬가지이지만 최대한 근접(近接)하여 보자는 의미에서 이 글을 쓰는 것이다.
상담을 하려면 최대한의 기본적인 상식(常識)과 노력(努力)이 가미되어야 하고, 섣부른 판단에 실수는 금물이라는 사명감과, 돌팔이 소리는 들어서는 안 된다는 의미에서 서술하는 것이다.

누구나 모든 분야에 해박할 수는 없을 것이지만, 그래도 상급 이상의 지식을 갖추는 것이 도리라 생각하여 많은 자료와, 사주를 참고하여 적으니, 부족한 점이 많더라도 전문가 못지않은 상식으로 상담 시 정확한 판단에 도움이 되도록 노력을 하였으니 부족한 점 많지만 많은 참고를 바라고, 더 나은 정진이 있기를 기원합니다.

2021. 07. 25
법사 원담 한 명호 올림

♣ ----차례--

1.　건강(健康)과 질병(疾病)

건강(健康)하다는 것은 심신(心身)이
아무 탈 없이 물 흐르듯, 인체의 모든
연관된 기관이 막힘없이 각자의 기능을
충실히 이행하고 있다는설 명이요,
매사 모든 일이 순조롭고,
수명(壽命)-장수(長壽)한다는 설명이다.

건강하지 못한 사람이 성공(成功)하고, 장수한다는 것은 우리가 생각해도 앞, 뒤가 안 맞는 말이다. 왜? 누가 특별히 알려주지 않아도 그것은 아니다. 라고 단언(斷言)하는 것이다. 그것이 바로 역학의 원리(原理)이자, 순리(順理)이다. 그러므로 누구나 이 원리와 순리에 대하여 이미 알고 있고, 또한 행하고 있다는 것이다.

건강은 우리의 삶에 있어서 지대한 영향을 준다. 흔히들 천하를 얻고도 건강을 잃으면, 모든 것을 잃는 것이요, 사상누각(沙上樓閣)과 같다 말할 정도로 건강을 중요시, "오복(五福) 중에서도 최고(最高)의 복(福)이 건강 복이라 하고, 그보다 더한 복이 없다." 하였다. 그만큼 중요한 사항인 것이다. 이제 그 건강에 대한 분석을 사주를 통하여 살펴보자.

더 중요한 것은 역학적 관점에서 어떻게 볼 것인가? 를 더 연구하면서 하나, 하나 참고하여 보기 바랍니다.

2. 건강(健康)과 오행(五行).

♣ 인체(人體)의 건강(健康)과, 오행(五行)의 연관성.

인체(人體)는 소우주(小宇宙)라 하여 전체를 오행으로 분류, 또 다시 각 부위별로 세분화(細分化)하여 오행(五行)으로 나누어 분리(分理)하여 본다.

☞   보이는 부분.

◉ 그 대표적인 것이 얼굴, 손, 발등 신체부위이다.
◉ 외형적(外形的)인 면과, 내형적(內形的)인 면을
비교하여 보는 것이다. 각 부분의 움직임과
활동성(活動性)을 비교, 건강의 상태를 체크하여
보기도 하고, 드러난 형태를 보고 판단하는 것이다.
◉ 다른 부위(部位)도 각각 비교하지만,
우선적으로 보이는 부분을 설명하는 것이다.

☞   안 보이는 부분.

◉ 우선은 겉으로 드러난 부분과 연계시켜
추리하는 방법도 있고, 세부적으로
●내시경촬영이나 MRI등 과학적인 방법이나,
그 외의 또 다른 방법도 많을 것이다.
●이제 하나하나 최대한의 방법을 동원하여
근접하여 보고, 그 원인과,
이유에 대한 분석을 해보자.
♣ 역학을 공부하는 사람의 관점에서는

당연히 보는 방법이 다를 것이다. 이제 그에 대한 의논을 하여보자. 사주(四柱)로 보던, 관상(觀相)으로 하던 최대한의 방법을 동원해보자.

◘ 질병(疾病)의 원인(原因).

과연 본인의 행복(幸福)과 불행(不倖)을
좌우하는 것은 무엇일까?
자의(自意)든, 타의(他意)든 외부의 원인이
발단이 되어, 또는 내부 자체에서
이상이 생기면서 그로 인한 충격으로
심신이 불안정, 리듬이 깨지고,
안과 밖으로 영향을 받으면서 커다란 변화가
온다. 그것이 기쁨이면 좋을 것이지만,

길,흉＝건강

슬픔일 경우는 그 피해가 클 것이다.
자연발생적인 경우도 있지만, 무엇이던 항상 그 원인은 있게 마련이다.
그 원인을 분석하고 찾아내는 것이 바로 이 학문을 배운 사람의 의무(義務)이
자, 사명(使命)이다.

☯ 오행(五行) 별로 분석하는 병(病)의 원인(原因).

＊병(病)의 원인을 오행으로 분석하여 판단.
외부적인 요소(要素)와, 내부적인 요소,
기타 여러 원인적인 요소가 있지만
과연 어떤 방법을 택하느냐에 앞서,
그 분류(分類)를 하여보고 원인적인
요소를 분석하는 것이 주요 목적이다.

＊ 병(病)이라 함은 안 좋은 작용을
하는 것이므로, 무엇이 흉(凶)의 역할을 하는가?
하는 것을 운(運)과 원국(原局)에서 찾아

오행과 병의 관계

그 작용을 비교(比較), 분석(分析)하여 보는 것이다.
격국(格局)과 용신(用神)은 바로 같은 원리(原理)로 파악된다.

◆ 비견(比肩), 겁(恸)이 흉(凶)으로 작용(作用)을 할 경우.

●주변(周邊)의 꼬임에 빠져, 친구로 인해,
동업자의 배신(背信)으로 인하여 돈 날리고,
●자기 꾀에 스스로 빠지고, 왕따로 인해
심한 충격으로 인해 병원의 신세를 지는
경우도 되고, 형제간의 재산 문제로,
충격(衝擊)으로 쓰러지는 것 역시 그것이다.
●지인(知人)의 모함(謀陷)으로 인하여
직장을 그만 두고 실업자가 되어 타락,
●술과 지내다 병(病)을 얻는 것도 역시 그것이요,
그런 예는 얼마든지 있다.

◆ 식상(食傷)의 작용(作用)으로 인한 경우.

♣ 계획(計畫), 능력(能力), 수하(手下) 등의 잘못으로 인하여(남자의 경우)
♣ 자손(子孫) 및 기타로 인하여(여자의 경우)
☞ 아랫사람의 실수(失手)로 인하여 책임을 지고 옷을 벗기도 하고, 자기관리
를 잘못, 패가망신(敗家亡身)하여 엉뚱한 길을 택하기도 하고, 이래저래 심신을
괴롭히는 일이라, 그것이 다 병(病)의 원인(原因)이다.
☞ 지나치게 자만(自慢)하여 망신(妄信)당하고, 인기가 하락하여 시름시름 앓
다가 병들고, 재주는 많은데 한 우물을 못 파서 괴로워서 고민하다 병들고 ,사
랑의 그리움에 눈물로 지새우다 몸 아프고, 자식문제로 속상하고, 그로 인하여
문제가 발생, 사업상의 진로로 고민하고ーーーーーーーーーーーー.

◆ 재(財)로 인(因)하여 작용(作用) 할 경우.

☞ 여러 원인과 병으로 보는 데 금전(金錢), 처(妻), 시댁(媤宅), 아버지 등
등으로 인하여 생긴다. 음식(飮食)도 해당, 다른 부분도 있지만 일단, 크게 이
런 경우로 연관 살펴보자.

◆ 인수(印綬)가 용신(用神)인데, 재운(財運)이 올 경우.

**개가 되면
안 된다!**

☞ 재운(財運)은 인수(印綬)를 극(剋)하므로 아주 안 좋은 결과가 나오는데, 원인(原因)은 여러 종류이나 부부(夫婦)관계로 본다면 처(妻)로 인하여 그 작용(作用)이 나온다. 카드를 지나치게 사용(使用) 한다든지, 지나친 금전지출로 인해 가계부실의 형태로 나타나는 등 부작용(副作用)으로 득병(得病) 하는 경우다.-(남성의 경우). 여성(女性)은 육친(六親)관계 따로 보고.

☞ **음식(飮食)인 경우.**

상가(喪家)에 가서 음식을 잘못 먹어 사망(死亡)하는 경우도, 음식이니 재(財)와 연관(聯關)이 된다.

귀신 때깔!

☞ 특히 상문살(喪門殺)일 경우,
이 원인(原因)도 있다고 보는 것이다.

☞ 비만(肥滿) 역시 근본적인 원인은 음식에 있으니 그 역시 재(財)이다. 요사이는 마른 비만(肥滿)도 있으니 체형(體型)만 알고 쉽게 결론을 내리는 것도 주의 사항.

◆ 과음(過飮)으로 구토(嘔吐)시 식도(食道)가 막혀 사망을 하는 경우, 역시 재(財)인 음식이 원인(原因)이다.

☞ 금전(金錢)일 경우는 빚에 쪼들려 일가족이 자살(自殺)을 한다든가 비극적인 상황이 오는 것도 역시 재(財)인 금전으로 인한 것이요, 채무(債務)관계로 인해 범법(犯法)행위를 하는 것 역시, 재(財)인 금전으로 인함이다.

☞ 도둑이나 강도가 들어 불행(不幸)을 당하는 것도 이에 해당.

◆ 관살(官殺)로 인하여 득병(得病) 할 경우.

☞ 관(官)은 나를 극(剋)하는 오행(五行)이라,
나도 모르게 자꾸만 피하게 되는데,
심리적(心理的)인 작용이 심하다.
(득(得)이 될 경우는 치유(治癒)가 된다.)
☞ 윗사람으로 부터의 지나친 힐책으로,
또는 책임 추궁으로 인해 업무의 지나친
스트레스와 중압감에 견디지 못하는
경우도 있고, 관재(官災), 송사(訟事)로
인해 생기기도 하고, 얼마 전에 있었던
한강의 투신자살 역시 심한 압박감(壓迫感)에 스스로 목숨을 던진 경우인데,
본인의 자존심(自尊心)에 심한 타격을 입어 견디지 못하고 귀한 목숨을 던진
것이다.

☞ 그 상대방은 말로써 사람을 죽인
살인 행위를 한 것이고, 정작 본인은
심성(心性)을 다스리지를 못하여
그리된 것이다. 죽음도 결국 병(病)이니,
원인(原因)과 결과(結果)는
반드시 있는 것이다. 이혼(離婚)으로 인해
구설수, 망신살 역시, 다 이러한 원인이다.

☞ 그로 인하여 흉악(凶惡)한 사건이
발생하는 것 역시 그렇고, 그로 인해 모든 사람이 평생(平生)을 앓으며 지내는
것이다. 연관(連關)된 가족(家族)이던, 주변의 많은 사람이 피해(被害)를 입는
것 자체가 병(病)이다.
업무(業務) 중에 발생하는 산재(産災)사고도 이에 해당하는 것이요, 관재수(官
災數)로 인한 것이 된다.

◈ 인수(印綬)로 인해 득병(得病) 한다면?

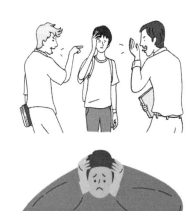

☞ 보증(保證)이나, 기타 계약 시 잘못으로,
부모님, 선생님의 심한 질타(叱咤)와
책망(責望), 이사 및 기타 이권 및
이전문제로 인해 등 – 등이 된다.
☞ 임대보증금 문제, 권리금문제로
인해 사소한 말다툼이 큰 싸움으로
번지고 정신적, 육체적인 병이 생기는
것도 다 이에 기인(起因)하는 것이다.

물난리가 나는 곳으로 이사하여
전 재산(財産)을 날리고, 건물이
붕괴되어 손해를 보고, 이사하고
아이가 교통사고 당하고,
전근(轉勤)하여 잘못되고, 해외연수나,
기러기 아빠 되어 집안이 이산가족 되고,
물론 잘 된 경우도 있지만,
그것은 인수가 득(得)이 될 경우이고,
집사고 집안 잘 안 되고, 사업 부실하여지고 하는
식으로 말이다.
☞ 인수(印綬)의 작용으로 여러 면에서 그것이 잘못된 결과를 초래하였을 경우
다.
☞ 여행(旅行)이라든가, 연수, 출장 기타 이동시 사고라던가, 자연재해로 인한
사고, 방어운전을 해도 발생되는 교통사고 등도 해당, 많은 사건, 사고가 연관
된다.

◆ 병의 발병(發病) 근원(根源)은 무엇일까?

☞ 우선 사주의 신약(身弱)과 신강(身強)을 구분해 볼 필요가 있다.
♣ 운(運)이나, 원국(原局)에서 변화가 생겨 사주가 강할 경우는 능히 치고 넘어가는 경우가 많은데, 사주가 극히 신약(身弱)해질 경우, 변동수가 생겨 흉(凶)➜화(化)하는 경우는, 매 번 걸려서 그냥 지나치고 넘어가지 못한다.
☞ 감기에 걸려도 신강(身強)은 하루, 이틀 기침하면 끝나는데, 신약(身弱)의 경우는 심하면 독감(毒感)으로 간다. 그것이 심하게 변질(變質) 되면 폐병(肺病)이요, 폐암(肺癌)으로 가는 것이다.

☯ 음(陰)과 양(陽)으로 보는 체질(體質)의 분류(分類).

☞ 사상(四象)체질의 분류를 하는 기본적인 사항이다.
☞ 계절(季節)적인 면으로 분류하여 보는 것이다.

♣ 봄, 여름에 출생(出生) 한 사람.
온기(溫氣)가 풍부(豐富)하여–
(사주(四柱)에 목(木), 화(火)가 많은 사람).
대체적으로 몸이 따뜻하고
성격도 온화하다. 급(急)하고는 별개.

♣ 가을, 겨울에 출생(出生) 한 사람.
냉기(冷氣)가 강(強)하다.
사주에 금(金), 수(水)가 많은 사람.
몸의 기운(氣運)이 차갑다.
체온(體溫)이 낮은 것과는 별개.
대게들 여기서 실수(失手)한다.
가을은 풍요도 있다. 겨울은 저장이다.
☞ 외음내양(外陰內陽)이요,
외양내음(外陽內陰)이다.

◪ 태과(太過)와 불급(不及)으로 살펴보는 질병(疾病).

◪ 태과(太過)라 함은 많음이라, 주
(柱)중의 오행(五行)이 지나치게 과
다(過多)하여 생기는 것으로 백약(百
藥)이 무효(無效)이다.

♣ 사주에 금(金)이 많다고 하면? 출
혈(出血)의 경우를 보자.
금(金)은 지혈(止血)작용, 응고(凝
固)라 피가 계속 흘러 보충 해 주어
야 하는데 응고(凝固)작용이 지나쳐,
수급(需給)이 원만하지 못하게 된다.

♣ 사주 추명 시 가장 약(弱)한 오
행(五行)이 있거나, 없는 오행(五行)
이 있다면 관련된 부분의 "기(氣)가
약(弱)한 것이다." 결론(結
論)은 금물(禁物)이다. 물론 약(弱)
한 면이 있는 것은 사실이나, 몸에
이상이 있을 시 약(弱)한 것이지 항
상 약(弱)한 것은 아니다. 병(病)든
오행(五行)이 있으면 항상 신음(呻
吟)하나, 없거나, 약한 듯 헤도 제구
실을 할 때는 평시 제 역할을 잘한
다. 일단은 그 곳을 체크하여 상담하
여 주는 것이 우선이다.

**허약체질 이라고 자기 역할도
못하는 것은 아니다.**

☻ 해월(亥月)의 을목(乙木) 일간(日干).☻

| 丁 | 乙 | 癸 | 癸 | ☞ 심근경색으로 인하여 수술을 받았다.
| 亥 | 丑 | 亥 | 巳 | ☞ 치아(齒牙)가 매우 부실(不實)하다.

⬆ 오행(五行)중 인성(印星)인 수기(水氣)가 지나치게 왕(旺) 하다.

☞ 해월(亥月)의 을목(乙木)이라 냉기(冷氣)가 심해 초목(草木)이 성장 하는데 지장이 많다.

☞ 음지(陰地)의 나무라 따듯한 햇볕이 항상 그리운 사주다.

일지(日支)에 관고(官庫)를 깔고 있는데, 신(辛)금이라 편관(偏官)이니 항상 아들로 인해 고심하는 사주고, 신금(辛金)은 치아라, 치아가 부실한 것이다.

남들과 똑같이 하면 백전백패다. 독특하게 해야 성공한다. 운의 기를 받는 동안 뛰어라.

☞ 수기(水氣)가 왕(旺) 하니 금(金)의 기운을 빼앗아오는 데는 선수다.

☞ 그러니 금(金)이 보이기가 무섭게 금(金)의 기운을 앗아가니 금(金)의 존재가 싹이 없어지듯 사라진다. 병(丙),정(丁) 화(火)에 관한 사항은 추후 다른 사항을 설명할 때 하고. 어느 부동산 부자의 사주다. 지금도 활약 중.

◆ 병(病)의 선천적(先天的)인 요소와 후천적(後天的)인 요소.

♣ 선천적(先天的)인 관계.

☞ 선천적(先天的)이라 함은 출생(出生)하면서부터 그 요소를 갖고 있는 것이다. 모태(母胎)에 안착(安着)을 하면서부터 유전인자(遺傳因子)를 갖고 있게 되는 것이다.

➜ 신생아가 너무나 허약한 경우는 인큐베이터의 신세를 지기도 하는데 조산(助産)의 경우, 이런 경우가 허다하다. 태아(胎兒)의 경우는 모태의 영향을 가장 많이 받는다.

♣ 예전에 선을 볼 경우는 신부(新婦) 측의 몸의 건강상태를 세밀히 살펴, 질병(疾病)과 부모(父母)의 건강도 제일 중요시하였다.

☞ 그 방법 중 하나로 엉덩이를 보면서 자궁의 발달 상태나, 위치 등을 살펴보기도 하였다. 맏며느리는 일을 많이 해야 하므로 체격(體格)을 많이 본 것도 다 그런 연유이다.

　　(지금도 그런 분이 많다.) : 답답한 것 같아도 다 뜻이 있다.

♣ 후천적(後天的)인 경우.

☞ 주로 환경(環境) 및 운(運)에 의해 영향을 받는 경우.

☞ 운(運)이 좋으면 겉으로 나타나지 않다가도, 운(運)이 나쁠 경우에는 서서히 또는 갑작스레 그 본색(本色)을 드러내기도 한다.

☞ 그 기본적인 사항이 사고(事故)로 인해 다치는 경우가 많은데, 심할 경우는 생명까지 위태로

운 경우가 많으니 조심하는 것이 좋다.

☞ 불의의 사고란 예고가 없다. 그러나 어느 부분이 안 좋은 가를 미리 판단하면, 그런 부분에 조심, 예방 차원에서 설득력(說得力)이 있다.

☯ **묘월(卯月)의 무토(戊土)일간** ☯   (女命)

己 戊 癸 丁   묘월(卯月)의 무토(戊土)일간.

酉 戌 卯 酉   ☞ 년(年), 월(月)➜천간, 지지➜충(沖).

⬆ 제일 먼저 무엇을 보아야 할 것인가? ➜ 특징(特徵)을 살펴라.

● 년(年), 월(月)이 각각 충(沖)이고, 월(月), 일(日)이 각각 합(合)이다.

● 신강(身强), 그리고 신약(身弱)을 구별해야 한다.

● 순서(順序)는 각자가 정하는 것이다. 신강, 신약구별 그리고 특징－－－.

♣ 대운(大運)을 살펴보기로 하자.

정유(丁酉)생(生)―이라 여성이므로, 음(陰)➜순행(順行)으로 이어진다.

73 63 53 43 33 23 13 3
辛 庚 己 戊 丁 丙 乙 甲
亥 戌 酉 申 未 午 巳 辰

♣ 2007년을 기준 으로 하여보자.

2021년 이므로 년도 기준은 알아서 대입.

현재 대운은 43대운인 무신(戊申) 대운(大運)이다.

2007년은 정해(丁亥) 年이다. 대운(大運)과 세운(歲運)에서 지지(地支)에 상해살(傷害殺)이요, 상천살 이다. 이것은 밖에서 들어오는 기운인데, 서로가 자기들끼리 치고, 박고 난리다.

☞ 사고가 난다면 외부(外部)의 작용이다.
대운(大運)자체로 본다면 지지(地支)에서 묘신(卯申)➡귀문관살이 성립.
원국 자체에서 가뜩이나 관(官)이 약한데 대운에서 금극목(金克木) 하고 있다.

☞ 원국 자체에 상해(傷害)살이 합(合)이 되니 없어진다 하여도, 양쪽이라 무시할 수는 없다. 자주 다치는 사주다.
➡ 합(合), 충(沖)이 많은 팔자라, 삶이 순탄치는 않은 사주다.

☞ 용신(用神)은 무엇으로 보아야 옳을까?
☞ 우선 일간의 기운(氣運)을 지나치게 앗아가고 있는 식상관(食傷官)을 억제(抑制)하는 기운이 필요하다.
☞ 금(金)의 기운을 억제(抑制) 하는 인수(印綬)인➡화(火)가 필요하다.
☞ 원국에서 찾아보니 년간(年干)의 정화(丁火)요, 일지(日支)의 술(戌) 中 정화(丁火)인데, 년간(年干)의 정화(丁火)는 병들어 있고, 그나마 일지(日支)의 술(戌)中 정화(丁火)가 그런대로 쓸 수가 있겠는데, 희신(喜神)인 목(木)도➡충(沖)이 되어 도움 받기가 어지간해서는 어렵다. 설명하려면 한참을 더 해야 하지만 여기서는 이정도로 하고 지금의 주요인인 환경적 요소, 외부의 요소를 설명하는 것이다.

♣ 처음에 설명하였지만 상해살(傷害殺)에 대한 이유가 있다.

☞ 지금은 교통사고로 인해 혼수상태(昏睡狀態)이다.
살 것인가? 죽을 것인가를 상담하러 온 것인데, 당신은 어떠한 판단을 내리시렵니까?

♣ 무속적인 면으로 보면 귀문관(鬼門關)살(殺)➡신(神)의 벌전(罰錢)으로보고, 세운(歲運)에서 들어오는 용신(用神)을 기신(忌神)이 충(沖)하는 면도 있고, 지금은 건강과 질병 위주이니, 그에 대한 답변은 수명(壽命)에서 논하기로

하렵니다.

♣ 환경적인 외부의 영향으로 본인의 의지(意志)와는 무관하게 이런 경우를 당한다는 것을 설명한 것이다.

모든 것이 운(運)과 사주(四柱)의 흐름에 기인하는 것. 건강(健康)도 꼭 내가 갖고 있는 그 자체만이 아니라, 이렇게 운(運)에서도 영향이 있다는 것이요, 결국은 그 모든 것이 복합작용으로 이루어진다.

♣ 환경적인 기운에 대한 예를 한 번 들어보자.
  2007년의 경우. 정해년(丁亥年)이다.
♣ 물과 불의 기운이 비슷할 경우인데,
주변의 상황이 변수가 된다.
➡ 그런데 해중(亥中)➜ 임수(壬水)가
정화(丁火)와 합(合)이 되어 목(木)으로 화(化)하니, 목극토(木剋土)하여 토(土)를 극(剋)하니 흙이 갈라지는 형상이라, 목(木)은 풍(風)이요
바람이고, 흙은 흩어져서 날리니 황사(黃砂)현상이다.
그것은 온난화의 현상으로 극심한 피해가 나타나는 것이다.

♣ 수(水)의 기운이 강한 임자년(壬子年)이라고 가정 하여보자.
☞ 제일 먼저 수극화(水剋火) 현상이 심화된다. 건강(健康)을 살펴보자.

일단 화(火)는 심장(心臟), 그리고 시력(視力)과 연결 ➜ 눈과 연결된다.
안과(眼科)질환이 유행하게 된다. 수영장, 해수욕장등에서의 안질환이 걱정이

다. 그 외로는 수인성 질환으로 물수건 사용으로 인(因)한 질병(疾病)도 연결.
수질오염(水質汚染)으로 인한 질환(疾患)도 연관된다.

♣ 평균적(平均的)으로 보면, 비오는 날이 많으
므로 일조량(日照量)이 많이 부족, 습(習)한 기
운으로 여러 병원균(病原菌)이 발생(發生)한다.

☞ 운(運)에서 오는 것이므로 작용하는 운(運)이
지나고 나면, 또 다른 기운이 도래(到來)하는 것
이다.

壬
子 ⟩ ➡ 천간, 지지가 모두 수기(水氣)가 왕(旺) 하다.

☯ 오월(午月)의 병화(丙火) 일간(日干) ☯ ━━━━━━━━━

○ 丙 丙 丁   사주에 화(火)가 많다. 지나치다.

○ 午 午 未   ☞ 경오(庚午) 운(運)이 온다면 어떨까?

⌂ 사주에 금(金)이 귀(貴)한 지라, 기운(氣運)이 넘쳐나는데, 때는 이때다 하
고 화극금(火克金) 하려 난리다. 금(金)은 아야! 소리할 여유도 없다.
● 경금(庚金)은 대장(大腸)이요, ➡ 화(火)는 많으니 염(炎)자를 이루고, 이어
지면 ➡ 대장염이요, 대장암으로도 이어진다.
● 신금(辛金)은 폐이고, 신금(辛金)일 경우는 폐병(肺病)이요, 아이들일 경우
는 폐렴(肺炎)으로 이어진다. 다른 예를 들어보자.
연령(年齡)에 따른 병명(病名) 변화(變化)가 있다. 유념(有念)하자.

♣ 정사(丁巳)년을 맞았다고 하여보자.
　 그런데 ➡ 위암(胃癌)이라는 진단이 나왔다.
☞ 화(火)가 많아서 화병(火病)이 나 있는데, 외양내음(外陽內陰)으로 소위 말

하는 積(적)이라는 것이다. 뭉쳐서 돌아다니는 것이다.

☞ 과연 이 사람이 진짜 암(癌)으로 세상을 하직할 것인가?

☞ 우선 그 이전, 역학적 진단을 해보자. 의학적으로 확실한 근거에 의해 병명이 나오고 진단이 나왔는데, 과연 역학적으로 치료(治療)나 조언(助言)이 가능할까?

☞ 불가능하다고 볼 수도 있고, 가능하다 볼 수 있지만, 그래도 의학적인 결론에 치중(置重)하는 것이 일단 상례(常例)이다.

만약 역학적인 처방 법으로 그 사람이 완치(完治)하였다면 그야말로 더 좋을 수야 없겠지만 그것이 어디 그리 흔한 일인가?

☞ 극히 드문 쪽으로 보아야 할 것이다.

☞ 만약의 경우,, 가상하여보자.

암(癌)이 아니다 할 경우,

우리는 어떤 진단을 내릴 수가 있을까?

➜ 화기(火氣)가 많은데 또 화운(火運)이니

견겁(肩劫)이 태왕(太王)이라

미칠 정도로 정신이 돌아가 버린다.

◉ 그런데 원인(原因)은 무엇일까?

사업하는 사람인데 동업(同業)을 하고 있다면, 어떻게 진단 할 것인가?

☞ 서로간의 금전문제로 봉합이 힘들 정도의 악화상태다. 그저 눈에 돈만 보인다. 그게 어떤 돈인데 하면서 난리 블루스다.

◉ 금전(金錢)문제가 해결되면 낫는 병(病)이다.

다음해는 무오(戊午)-운(運)이요,

그다음은 기미(己未)-운(運)이고

결국 2년이 지나야 해결 되는 병(病)이다. 운(運)에서 말이다.

죽어도 좋으니 돈 벼락 좀 맞게 해주세요~

☯ 병화(丙火) 일간(日干) ☯

$$庚\quad 丙\quad ○\quad ○$$
$$寅\quad 午\quad ○\quad ○$$

지지(地支)에 인오(寅午➜화국(火局)이다.

☞ 시간(時干)의 경금(庚金)이 맥을 못 춘다.

⬆ 다자무자(多子無子)라 이 경우 잘못 알고서, 화기(火氣)가 너무 많다보니 오히려 그것이 약(弱)한 줄 알고 심장병(心臟病)의 약을 먹고 있었다고 하자. 심장은 너무 튼튼하여 탈이다. 금(金)인 폐활량, 숨이 차서 호흡(呼吸)이 모자라 헐떡거리는 것이다.

♣ 감기 걸려 고생 한다고 보자 어찌 추명(推命)을 할까?

이에 대한 원인 분석이 필요하다. 체질에 따라 다 각각의 차이는 있다. 그러나 역학을 하는 사람은 그 각각의 기운을 살펴 추명(推命) 한다.

☞ 목(木)으로 인한 감기––빠르면 3일, 늦으면 8일
☞ 화(火)로 인한 감기–––빠르면 2일, 늦으면 7일
☞ 토(土)로 인한 감기–––빠르면 5일, 늦으면 10일
☞ 금(金)으로 인한 감기––빠르면 4일, 늦으면 9일
☞ 수(水)로 인한 감기–––빠르면 1일, 늦으면 6일

감기에는 체온 유지가 기본

◆ 병(病)을 치료하는데 있어 역학적으로 도움을 주고자 한다면?
♣ 상담 시 아파서 왔는데 최대한의 도움을 줄 수 있는 방법은?
☞ 빙의(憑依)니, 신병(神病)이니 이렇구, 저렇구 멍멍이 차원을 떠나서 심리적인 요법도 중요한 것이다. 그 방법은 무엇일까?

♣ 일단 용신(用神)을 살펴야 한다.
 용신(用神)에 해당하는 사람이 약(藥)을 지어오게 하고. 병원(病院)이나, 약국(藥局)에서도 이에 해당하는 사람이면 더욱 좋고, 일진(日辰)을 살펴 그런

날이면 더욱 좋고, 시간도 가능하면 그에 해당하는 시간을 맞추고, 금액도 그에 해당하는 액수로 하고, 정신요법도 된다.

◉ 왜 이런 것이 필요할까?

음식을 조리(調理) 할 때 왜 열(熱)의 온도(溫度)가 중요할까?

고기는 왜 숯불에 구워야 더 맛이 있을까?

왜 오래된 술이 더 좋을까?

왜 손 맛을 중요하게 생각을 할까?

초보(初步)자와 숙련자(熟練者)는 왜 다를까?

☞ 결론(結論)은 이렇다.

◉ 약(藥)이란? 그 갖고 있는 효능(效能)도 중요하지만, 눈에 보이지 않는 정성(精誠)이 라는 무형(無形)의 기(氣)가 차지하는 비중(比重)이 매우 중요하다는 것이다.

☞ 우리 인간은 사주 중에서 가장 많은 것이 가장 많이 그 영향력을 발휘한다. 우리는 이것을 그 사람의 기(氣)의 싸이클, 또는 그 사람이 갖고 있는 자장(磁場)이라는 표현(表現)을 쓰는데, 각자가 갖고 있는 그 주파수(周波數)가 다 각기 다른 것도 이에 따른 원인(原因)이다.

➜ 목(木)이 강하다고 하여도 정도에 따라 파장(波長)이 다른 것이요, 그에 따른 차이가 있는 것이다. 그리하여 건강(健康)도 이에 따라 지대하게 영향을 받는다고 보는 것이다.

♣ 제일 중요한 것은 자신의 건강은 자신(自身)이 제일 먼저 안다.

고로 타인(他人)은 일단 2차적인 문제가 되는 것이다.

● 건강한 사람은 자기 자신을 잘 아는 사람이요, 그래서 자신의 부족(不足)함을 더 잘 아는 사람이고, 배움을 항상 중요하게 여기는 사람이고, 모든 일에 스스로가 책임을 지는 사람.

☞ 역경(逆境) 앞에서도 도전(挑戰)의지를 가지고 있는 사람이고, 자기감정을

잘 다스릴 줄 아는 사람이다.
☞ 이것은 그 사람의 됨됨이를 보는 의미(意味)도 되지만, 건강도 함께 보는
방법이다.

사주에서 일간의 강약은 저항력을 나타내고, 노후 기저질환 여
부도 나타난다. 통변함에 있어 건강과 질병을 논하지 않는다면
글쎄요?
무엇하러 사주를 보는지?
돈도 건강해야 챙기지요,
좋은 직장도 건강해야 근무를 하고,
경제활동도 튼튼해야 무엇이든 하는 것이 아닐까요?
돌팔이의 주특기가 무엇일까요?
다 때가 되면 아프고, 죽는 거지! 다 팔자지 뭐!

☯ 음(陰), 양(梁)으로 보는 건강의 체형 .

☞ 어떠한 사물(事物)이든 일단 온도(溫度)가 내려가면 얼고, 축소(縮小)하기 마련이다. 고로 사주가 냉(冷)하다면 일단, "비만(肥滿)이 아니다."라고 볼 수 있다. 그러다 보니 농축(濃縮)된 기운이 많아 불감증(不感症)의 기운(氣運)이 강한 것이다.

☞ 오르가즘에 도달하는 시간이 그만큼 길게 걸리는 것이다. 쉬 식지 않으므로 정력(精力)이 강한 경우가 많은 것도 이러한 연유이다. 요즈음은 잠재적 관음 증 환자가 많아 정력에 좋다면 다 맛이 간다.

양(陽)   음(陰)

☯ 술월(戌月), 신금(辛金)-일간 ☯

辛 辛 戊 丙   술월(戌月)의 신금(辛金)일간 사주.

卯 酉 戌 申   ☞ 월간(月干)에 무토(無土)가 투출.

⬆ 지지에 신(申), 유(酉), 술(戌) 방합국을 이루고 있다.

☯ 해월(亥月), 신금(辛金)-일간(日干)☯

壬 辛 癸 戊

辰 丑 亥 戌   ☞ 위의 예와는 성격이 조금 다르다.

⬆ 일지(日支), 월지(月支) ➡ 자수(子水)를 공협(共挾)하고 있다. 금수(金水)

냉한(冷寒)의 사주다.

● 여성(女性)의 사주인데 남편(男便)이 없이 혼자 사는 사주.

☞ 식상관(食傷官)이 지나치게 왕(旺) 하여 남편인 화(火)를 애타게 기다려도 있을 자리가 편치 않다. 엄마는 남편과 합방(合邦)을 하려고 무진 애를 쓰는데 자식들이 가만 내버려 두지 않는다. 대운(大運)에서의 흐름도 원만하지 않다.

☞ 년지(年支)와 일지(日支)가➜형살(刑殺)이라 조상(祖上)에서도 합방을 원하지 않고 있는 형국(形局). 어떻게 해야 할까?

♣ 반대로 사주가 너무 뜨거우면 성격이 조급(躁急)하고, 비만(肥滿) 체구가 많다고 보는데 열(熱)이란? 팽창(膨脹)시키는 데는 일가견(一家見)이 있다. 또한 조루가 화(火)일주에 많은 것도 이에 기인한다.

☞ 여기에서 주의(注意) 할 점이 있다.

극(剋)과 극(剋)은 통(通)하고, 통(通)하면 변(變)하는 것이 이치라, 간혹 비만(肥滿)인 사람도 있으니 이것 또한 잘 살펴보아야 할 것이다.

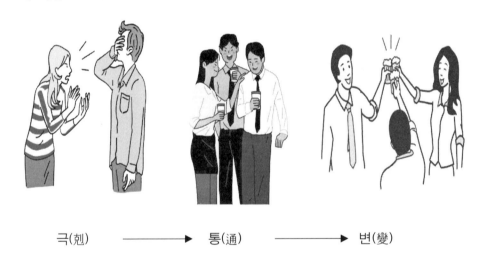

극(剋) ⟶ 통(通) ⟶ 변(變)

戊　丙　甲　癸　　　　　　인월(寅月)의 병화(丙火) 일간.

戊　午　寅　未　　　　지지(地支)에 인오술(寅午戌)➜화국(火局)

☎ **건강 이야기 하나.** ◪ 암(癌)의 조기 발견이 적은 이유.

☞ 오장육부(五臟六腑)는 우리의 신체 중에서 제일 감각이 무디다.
그도 그럴 수밖에 없는 것이, 안에 깊숙이 위치하여 밖으로 부터의 충격에는
무디기 때문이다.

☯ 상생(相生)과 상극(相剋)으로 보는 체질(體質).

오행(五行)의 상생, 상극으로 그 순환(循環)의 이치(理致)를 살펴보자.

♣ 상생(相生)으로 보는 관계.
☞ 목(木)이 약해지면?
➡ 수(水)와 화(火)까지 약해지고 합병증(合併症)이 생긴다. 왜?
목(木)은 수(水)의 생(生)을 받고, 화(火)는 목(木)의 생(生)을 받는다.
☞ 중간에서 목(木)의 역할은 수(水)와 화(火)의 가교(架橋) 역할인데, 목(木)
이 약(弱)할 경우는 양쪽으로의 연결이 매끄럽지 못해 결과적으로 **셋 전체가**
약해지는 결과가 된다.

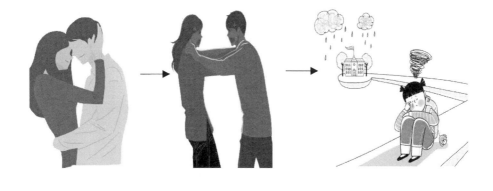

| ○ | 甲 | 丙 | ○ |
| ○ | 午 | 午 | ○ |

오월(午月)의 갑목(甲木)일간(日干).

☞ 지나치게 설기(泄氣)가 심하다.

⬆ 갑목(甲木)➡ 화기(火氣)가 충천(衝天)하니 절로 불이 붙는다.
☞ 목(木)은 간(肝)이요, 화(火)가 너무 많으니 염(炎)으로 간염(肝炎)이다.

☞ 식상(食傷)이 풍부하니 배우지 않아도 아는 형국인데, 그것이 지나치다 보니 그것도 화(火)니 완전히 미친 사람 같구나.

➡ 목생화(木生火)➡화(火)를 생(生)하는 것이 목(木)인데, 화(火)가 지나치니 흔적(痕迹)도 없고, 기력(氣力)이 쇠하여 화(火)의 근원이 되지 못한다.

☞ 갑목(甲木)의 능력이 없으니 건강에 이상이 올 수밖에, 내가 생(生)하는 오행(五行)이 지나치게 강하면 이런 결과가 나온다.

☞ 갑목(甲木)을 생(生)하여 주는 수(水)또한 왕(旺)한 화(火)의 기운에 억눌려 운신하기 힘들고, 워낙 약(弱)한 목(木)을 생(生)해주어도 기력(氣力)이 부족(不足)하니 제대로 받아먹지도 못하며, 화(火)에게 헌납(獻納)하기가 바쁘니 수(水)역시 견디기가 힘든 것이다.

◉ 자기 앞가림도 못하는 주제에 남 생각 먼저 하는 사람이다.

◉ 갑목(甲木)일주➡정(情)은 있어 가진 것 없어도 쓸데없이 퍼주는 인생.

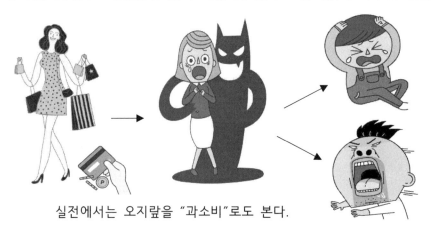

실전에서는 오지랖을 "과소비"로도 본다.

▣ 반대로 지나치게 생(生)을 많이 하여주면 어떤 결과가 나올까?
기운(氣運)이 모자라도 탈이요, 지나치게 강하여도 탈이다. 매사 모든 것이 적당하면 좋으련만, 어디 그것이 그리 마음대로 되는가?

───────────────────────────────

丁	甲	壬	○
卯	子	子	亥

자월(子月)생에 갑목(甲木)일간(日干).

☞ 너무 많이 주어도 걱정이다.

⬆ 수생목(水生木)의 차원이다.

☞ 물이 너무 많다보니 나무뿌리에서 수분(水分)을 흡수하는 것이 아니라, 나무가 물위를 둥둥 떠다니는 형국이다. 누가 나 좀 말려줘! 아무리 소리쳐도 소용이 없다.

☞ 수목응결(水木凝結)이라 목(木)이 완전히 꽁꽁 얼어있다.

　차라리 떠돌아다니기라도 한다면 오히려 그것이 더 편할 것이다.

◉ 목(木)은 신경(神經)인데 응결(凝結)이니 신경이 굳어버린 것이다.

◉ 두뇌(頭腦) 회전이 안 되니 저능아다. ➜ 그래도 재주는 있겠지?

　용량(用量)은 적은데 자꾸 입력(入力)만 시키면 무얼 하나!

♣ 수(水)가 약(弱)해질 경우는 어떨까?

☞ 수(水)의 전, 후를 살펴보자.➜ 좌우전후를 잘 살펴야 사고가 없다.

수(水)는 금생수(金生水)하여 금(金)에게 도움을 받고, 수생목(水生木)하여 목(木)에게 도움을 준다. 그런데 수(水)가 약할 경우 그 연합이 와해되는 것이다. 연합(聯合) 자체가 붕괴(崩壞)다. 고로 금(金), 수(水), 목(木) 전체가 약(弱)해진다. 민폐다. ➜ 합병증(合倂症)으로 연결 된다.

정보수집-강약판단➜준비

정보수집-막가파

강약을 무시

♣ 금(金)이 약(弱)해지면 어떻게 될까?☯ ▬▬▬

乙　庚　丙　壬　　　　오월(午月)의 경금(庚金)일간(日干).

酉　寅　午　戌　　☞　지지(地支)에 화국(火局)을 이루고 있다.

⬆ 지나친 화기(火氣)로 인하여 열매가 잘 열리지가 않는다.

년(年), 월(月) 천간(天干)이 병(丙)-임(壬)-충(沖)이고, 경금(庚金)이 지지의 화국(火局)에 견디기가 힘든 사주이다. 금(金)은 피부(皮膚)요, 가을이고, 열매이고, 결실(結實)이다. 열매가 곯기가 일수다.

☞ 지나친 화국(火局)으로 인하여 금생수(金生水) 해야 하는데, 물의 근원인 금(金)이 녹아날 판이니 물을 만들어낼 수가 없다. 물이 항상 모자라니 그야말로 불타는 태양 볕 아래 사막을 걷고 있는 형국이다.

오갈 병이요, 고갈증(枯渴症)이다.

보이지도 들리지도 않는 것이 병(病)이다. 병이란 전염성, 보급력이 강하다.
평시 미리 취약점을 잘 알고 행함이 방비(防備)하는 것이다.

➔ 신장(腎臟), 방광(膀胱)계통에도 이상이 생긴다.

✪ 金生水(금생수)가 원활이 이루어지지 않으므로, 수(水)는 귀라 소리도 이상한 소리가 들린다.

☞ 이명증(耳鳴症)이다.

제 기능을 하지 못하므로 정상적으로 들리지가 않는다. 금(金)이 기계라 치면 기계가 제대로 작동이 안 되니 잡소리에 듣기 거북한 굉음(轟音)을 낸다. 이상한 소리만 들리는 것이다.

☞ 금(金)이 동선(銅線)이라면 화(火)는 전류(電流)다.

　전류는 강한데 동선이 약하니 선이 녹아 없어지면서 전류가 방전되고, 화재(火災)가 발생(發生) 한다.

☞ 이런 경우, 죽을 때 갑자기 쓰러지면서 죽는다.

머리가 터지거나, 숨이 막히는 형국이다. 호흡곤란이 원인이 되기도 한다.

오행(五行)에 따라서는 기도(氣道)가 막히기도 하는 것이다.

♣ 길 가다가 갑자기 쓰러지는 것이다.

● 유언장(遺言狀)을 항상 미리 준비하여야 한다.

● 지금이야 이런 경우는 별로 없지만

예전에 빈혈(貧血)로 인하여 운동장에서 조회시간

같은 때 뜨거운 햇볕으로 인하여

갑자기 쓰러지는 학생들이 있었는데

바로 이런 연유다.(일사병(日射病))

♣ 수(水)는 혈액(血液)이라 피 인데, 생산 공장인 금(金)이 가동이 중지가 되고, 수(水) 자체가 약하니 빈혈(貧血)로 쓰러지는 것이다.

☞ 빈혈(貧血)도 종류가 다양하다.

● 금(金)이 제 기능을 못하니 기(氣)가 약해지는데, 조금만 야단을 쳐도 놀래거나 자기도 모르게 오줌을 싼다.

● 급성 당뇨(糖尿)에도 나타난다. 대체적으로 기(氣)가 약한 사람들이　이런 경우가 많다. 고문도 견디지 못한다. 예전에 모진 고문도 견딘 사람들을 보면 그 기가 대단한 사람들이다. 그래서 좋은 세월 만나 그래도 전부 한자리씩은 하고 있지를 않는 가 말이다.

♣ 이런 사람이 여자라면, 남편이 무섭다.

● 말 한마디면 꼬랑지 내리고 쥐구멍 찾기 바쁘다. 자식인 수(水) 역시 기력(氣力)이 약하니,, 아버지 공포증(恐怖症)이다.

☞ 아버지와는 이상하게 대화(對話)가 이루어지지가 않는다.

● 반면에 동병상련(同病相憐)이라고 할까 엄마와는 한 편이 된다.

관(官)이 왕(旺) 할 경우, 식상(食傷)과
한 힘이 되므로 당연한 귀결이다.

♣ 금(金)은 뼈도 되고, 폐(肺)도 되고 여러
경우인데, 금(金)이 약(弱)하니 골절(骨折)사고 나면
자주 부러지고 다친다. ●뼈에서 피를 만드는데
혈액(血液)도 부족하고, 화(火)가 많으니 폐(肺)가
약해져서 폐병(肺病)에 걸릴 확률도 남보다 많고,
어린아이일 경우는 폐렴(肺炎)에 유독 주의.

◧ 상극(相克)으로 살펴보는 관계.

목극토–––토극수–––수극화–––화극금–––금극목
木剋土   土克水   水剋火   火克金   金克木

$$木 \rightarrow 土 \rightarrow 水 \rightarrow 火 \rightarrow 金$$

♣ 목극토(木剋土)의 관계.
☞ 간(肝)이 실(實)하면, 위(胃)가 허(虛)해진다.
목(木)이 강(強)하면 토(土)인 위(胃)를 극(剋)하므로 위에 이상(異狀)이
생긴다. 이상(異狀)이 생긴다는 것은 제 기능(機能)을 못하는 것이다.

🌐인월(寅月)**의 갑목**(甲木)**일간**(日干).🌐

丙　甲　丙　甲
寅　寅　寅　子　　　☞ 지지(地支)에 뿌리가 너무 많다.

🏠 목(木)의 기운(氣運)이 지나치게 강(强)하다.

월, 일, 시에 인목(寅木)이 뿌리가 셋이나 되니 아무리 심한 바람이 불고 해일이 몰아쳐도 끄떡없을 정도다.

☞ 나무도 보통 큰 나무가 아니다. 어디가도 큰 인물이 된다.

사주(四柱)에 금(金)과 토(土)가 보이지를 않으니, 뼈가 약하고, 위산과다(胃酸過多)가 있다.

☞ 목(木)은 신 것이요, 과다하니 위산과다이다. 위(胃)가 신통치 않다.

☞ 이 사주를 그림으로 한번 살펴보자.

정월의 나무이니, 싹이 움트고 봄을 맞이하여야 하는데, 목화(木火)가 왕(旺)하니 꽃이 만발하고 그 향기가 천지를 진동하는데,

시기가 조금은 이른 시기라, 아쉬움이 생기는 형국. 성급한 것이다.

● 인월(寅月)은 아직도
그 한기(寒氣)가 간직된
시기(時期)인데 너무 꽃이
일찍 피었으니
이 일을 어이할꼬?

주체는 나무다➜겨울

● 사주에 재(財)인 토(土)가
보이지를 않으니, 처(妻)와 금전(金錢)에 대하여서는 별로 관심이 없는 스타일이다.

● 본인만 알고 밖으로 나가 활동을 고집하느라, 처와 자식에게는 별로 무관심한 사람인 것이다.

밖에서는 어떠한 평가를 받을지 모르지만 가정적인 면으로는 낙제 점수다.

● 요즈음 시대적인 상황으로 보면 이혼 당하기 안성맞춤이다. 사주가 형, 충이나 기타 복잡한 것이 없으니 사람은 준수하고 잘난 것 같아도 어르신들이 평가

를 내린다면 빗 좋은 개살구에 불과하다.

● 겉 보다는 내면적(內面的)인 면도 중요하다.
실리(實利) 위주의 상담이 필요한 사주다.

☯묘월(卯月)의 무토(戊土)일간.☯

○　戊　乙　○
○　○　卯　未　　　☞ 목(木)➜관(官)의 기운이 너무 왕하다.

⬆ 목(木)기운이 왕(旺) 하여 무토(戊土)를 극(剋)하니 견디지 못한다.

☞ 목(木)은 산(酸)이라 위산과다(胃酸過多)인데, 목(木)은 또한 신경(神經)인데 많으니 지나치게 신경성이라, 신경성 위염(胃炎)이다.

☞ 조그만 일이라도 신경을 쓰면 속이 뒤틀린다. 사촌이 땅을 사면 배 아파하는 스타일이다. 베풀고 상대를 이해하는, 배려심이 부족하다.

♣ 토극수(土克水)의 관계.
☞ 위(胃)가 실(實)하면, 신장(腎臟)이 허(虛)해진다.

♣ 수극화(水剋火)의 관계.
신장(腎臟)이 실(實)하면, 심장(心臟)이 허(虛) 해진다.

서로간의 힘의 강약 판단이다. 강(强)함이 약(弱)함을 응징한다. 건강의 원인은 강함보다 조화(調和)가 더욱 중요하다.

☯해월(亥月)의 을목(乙木) 일간(日干).☯

丁　乙　癸　癸
亥　丑　亥　巳　　　☞ 인성(印星)의 기운이 지나치게 강하다.

⬆ 지지(地支)에 수국(水局)을 이루고 있다.

수극화(水剋火) 하여➜심장(心臟)계통의 질환(疾患)으로, 두 번이나 수술을 하고, 지금도 치료 중이다.

♣ 화극금(火克金)의 관계.

◑심장(心臟)이 실하면 폐(肺)가 허(虛) 해진다◐.

| ○ | 辛 | ○ | ○ | 미월(未月)의 신금(辛金)일간(日干). |
| ○ | 巳 | 未 | 午 | ☞ 지지(地支)에 화국(火局)을 형성 |

⬆ 폐(肺)가 견디지를 못한다.

신금(辛金)은 폐(肺)인데, 화(火)➜셋 이상이라➜炎(염)을 이루고 있으니
– – –

☞ 치아(齒牙) 역시 마찬가지, 화극금(火克金)을 하니 한 쪽이 소리 없이 녹더니 그만 구멍이 난다. 폐(肺)에 이상이 생긴 것이다.

♣ 금극목(金克木)의 관계

☞ 폐(肺)가 실하면, 간(肝)이 허(虛)해진다. (목(木)은 간(肝)에 해당)
☞ 목(木)이 정신(情神)이라 극(剋)을 받으니, 조금만 헷갈리게 하면 정신(情神)도 왔다 갔다 한다. 침착(沈着)성의 결여(缺如)다.

사랑도 나무도 무조건 찜하고, 찍는다고 다 이루어지지는 않는다.
금극목은 창과 방패다. 예리함과 끈기다. 작아도 꾸준하면 이기고, 커도 도중에 그만두면 일을 그르치기 마련이다. 운의 연속기운을 살펴야 한다. 기본은 각자의 기운의 강도이고

☯ 신월(申月)생의 갑목(甲木)일간 ☯ ▰▰▰▰▰▰▰▰▰▰▰▰▰▰

丁　甲　庚　戊
卯　申　申　申　　　　　☞　금(金)의 기운이 왕성하다.

⬆ 왕한 금(金)의 기운을 억제할 화(火)의 기운이 필요하다.
쥐도 도망갈 구멍을 보고 쫓아야 하는데, 이건 인정사정도 없다.

☞ 인생살이가 萬古風霜(만고풍상)이다.

●목(木)은 바람이요, 금(金)은 서리이니 목(木)인 주인이 세상 살아가기가 참
으로 힘에 부친다. (법 없어도 산다는 말은 바보라는 이야기 : 현세)
☞ 도끼로 주인인 나무를 마구 찍어대니 온 몸이 상처투성이요, 부러지고 째지
고, 아프지 않은 곳이 없다.
☞ 관(官)은 직장이요, 일이요, 업(業)인데 일을 맡아도 죽어라죽어라 힘든 일
이요, 열심히 일하여도 돈 받으려면 그것도 하늘의 별따기다.
●업주가 부도내고 도망가고, 설사 준다하여도 차일피일 미루기만 하고 참으로
일하기도 힘들고, 돈 받기도 힘이 든 세상살이다.
☞ 수족(手足)이 다 망가질 정도로 일하고 먹고사는 팔자다.
거기에 자식 복도 없으니 무슨 낙으로 세상을 산단 말인가? 그나마 건강이라도
좋으면 다행인데 항상 아픈 몸을 이끌고 살아가야하니––––––.

◆ 實과 虛(실과 허)의 관계.
☞ 실(實)이면 건강(健康)하고, 허(虛)하면 허약(虛弱)하다.
☞ 사주가 신강(身强)이면 실이라 건강한 것이고, 사주가 약(弱)하면 허라
건강이 약한 것이다. 강단(剛斷)인 면에서는 다른 부분을 잘 살펴야 한다. 무조
건 꽝이 아니다.(여기서 많이 실수한다.)

☯ 성격(性格)으로 보는 건강과의 상관관계.

☞ 화를 잘 내는 사람은 폐(肺)에 병(病)이 오고————화를 잘 낸다는 것은 다혈질(多血質)이다.

☞ 화기(火氣)가 강하고, 성격이 급(急)하여 가히 폭발적이요, 버릇없는 행동에 어떨 때는 제 멋대로 행동하기 쉽다.

☞ 화극금(火克金)으로 이어지니, 의리(義理), 책임감도 없다.

♣ 대담한 사람은 위병(胃病)이오는 경우가 많은데, 대담하다 함은 성격이 차분하여 부화뇌동(附和雷同)하지 아니하고 자신을 충분히 다스린다는 설명인데, 목(木)의 기운이 강하니, 자연 토(土)를 극(剋)하게 되므로 위(胃)에 이상이 오는 것이다.

♣ 내성적(內省的)인 자(者)는 심장(心臟)이 약(弱)하다.

● 이는 속으로 꽁하는 성격이라, 밖으로의 분출(分出)이 이루어지지 않음으로 인해 화병(火病)이 생기는 것인데, 소위 말하는 곪아서 터지는 스타일이다.

☞ 깜짝 놀라기를 잘하고, 스스로 자지러지는 경우이다. (신약(身弱)은 더 심하다.)

◖◗ 질병치료(疾病治療) 요법(療法)에 관하여.

◉ 질병치료요법: 정신요법, 물리요법, 환경요법이 있는데 이 3가지가 서로 합치될 때가 가장 좋다.

♣ 식이요법(食餌療法)

☞ 목(木)이 필요한사람: 분식 채식 스넥–코너 분식–센타
☞ 화(火)가 필요한 사람: 탕
☞ 토(土)가 필요한 사람: 탕 고기
☞ 금(金)이 필요한 사람: 갑각류 꽃게 게장
☞ 수(水)가 필요한 사람: 어족(魚族)류

◖◗ **오행 별로 소속된 인체(人體)의 부위(部位).**

♣ 목(木)에 해당하는 인체의 부위.

◆ 두뇌(머리) 계통, 인후(편도선), 머리카락(모발)으로, 木으로 오는 모든 병은 풍질로 연결이 된다. 이와 임파선 잘못 작용하면 혹이다. 결핵(結核)도 연결 되고,

◆ 머리병 ― 머리나 두뇌의 이상으로 발생하는 모든 병. ― 예를 들면, 두통, 비듬, 탈모, 대머리, 치매, 기억력이나 집중력 감퇴, 뇌졸중, 중풍, 정신병, 등등―, 얼굴의 주름, 뇌종양도 이에 속한다.

◈ 기운이 약할 경우는 항상 피곤하고, 긴장된 표정이 역력하여 보이게 되고, 근육의 경련이 자주 일어나고, 편두통이 심하다.

◈ 신경질적인 반응을 자주 보이게 되는데

한 기운이 약하므로 반응이 나오는 것이다.

다.

♣ 화(火)에 해당하는 인체의 부위.

심장. 소장. 정신. 안면, 시력. 혀. 혈압.

열병. 가슴 . 흩어지는 것(散)–산만, 분산

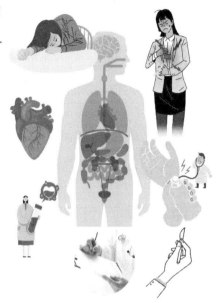

♣ 토(土)에 해당하는 인체의 부위.

위, 비, 복부, 입, 당뇨, 암, 결석, 미각,

비육, 입술, 팔꿈치

구토　기능성 소화–불량　소화성 궤양

역류성 식도염　연하–곤란　위경련

위궤양　위식도 역류질환

☞ 비육(비개 살), 허리, 옆구리(옆구리로 오는 병은 늑막염인데 늑막염 중에서도 수성(水性)과 건성(乾性)이 있는데, 수성으로 오는 병은 개고기가 특효(特效)다. 개고기는 몸의 수분을 거두어들이는데 최고이다.

●몸에 복수 차는 데도 개고기가 최고이다. 술(戌)은 조토(燥土)이니까)습진, 복부, 미각, 입, 입술, 팔꿈치, 결석, 암(토(土)가 많으면 암)등이 되는데, 보통 우리가 이야기하는 습진(濕疹)은 습진성 피부염을 말한다.

◈ 가장 흔한 피부 질환 중의 하나로 외인성 및 내인성의 다양한 요인에 의하여 발생하는 피부의 염증반응을 말한다.

♣ 당뇨 : 진토(辰土) 하나만 있어도 당뇨다?

☞ 수(水)의 고장이고 토(土)이니까 달다, 고로 당뇨(糖尿)이다.

◆ 당뇨병(糖尿病)

☞ 혈액 중의 포도당(혈당)이 높은 병이 당뇨병이다.
우리가 섭취하는 음식물은 체내에서 포도당으로 변환된다.
포도당은 인체가 사용하는 중요한 에너지원으로,
혈류를 통해 신체로 이동을 하게 되는데 이 과정
에서 인슐린이 필요하게 된다.

☞ 인슐린은 췌장의 베타세포에서 생성된다.
식사 후에는 혈중의 포도당이 증가하는데, 그러면
췌장에서는 인슐린을 분비하고 이 인슐린은 몸의
여러 조직에서 혈액 중의 포도당을 각 조직의 세
포로 이동시키는 과정을 도와준다.

☞ 각 조직의 세포에서는 포도당을 바로 사용하
거나 나중에 사용하려고 저장하게 되는데, 췌장
기능이 떨어져 충분한 양의 인슐린을 분비하지
못하면 포도당은 혈액 중에 남고, 콩팥에서는 더
이상 포도당을 붙들지 못해 포도당이 소변으로
배출되고 만다.

☞ 당뇨병은 신부전증, 당뇨병성 망막증이나 백내장으로 인한 시력장애, 하지와
족부장애 등 합병증을 유발하게 된다.

♣ 당뇨병(糖尿病)의 증상

● 소변을 자주 본다. (정상인의 횟수 보다 유
달리 많다.)

● 갈증을 많이 느끼고 쉽게 허기를 느낀다.

● 근래 체중이 줄었다.(눈에 확연히 나타난다.)
심한 피로감과 쇠약감을 느낀다.최근 피부에 부
스럼이 자주 생긴다.

최근 시야가 흐려지고 시력이 약해진 증상을 느
낀다.(운전은 필히 금기 사항.)

♣ 간(肝) 질환

질환(疾患)의 구분에 혼동이 오기 쉬운 사항이 많다.

☞ 미(未)–토(土) 하나만 갖고도 간염이다. 을(乙)은 간(肝)이고 화(火)는 염(炎)이다. 간(肝)은 음식물의 대사를 비롯하여 해독기능, 담즙생성, 혈액응고, 항체형성, 혈액저장의 기능을 하는 매우 중요한 장기로 간에 이상이 생기면 인체에 심각한 영향을 미치게 된다. 미(未)–가 갖는 상징적인 의미가 크다는 설명이다. 무조건은 절대 아니다.

◉ 손상된 간은 간 내에 저장된 글리코겐을 당으로 전환시키지 못해 결과적으로 저혈당을 유발하게 되며 해독기관으로서의 제 역할을 하지 못해 독성 물질을 제거하지 못하게 된다.
● 지방질의 소화에 필요한 담즙생성에도 장애가 생기며 혈액응고와 관계있는 프로트롬빈, 감염을 막아주는 글로불린, 건강한 세포를 유지시키는데 필수적인 알부민의 생성에도 지장이 생기게 된다.

♣ 간질환 증상.

황달 증상이 있다
얼굴과 손발이 붓는다
관절통을 느끼고 있다
메슥거림 증상을 느끼고 있다
식욕이 떨어진 상태다
미열(微熱)이 있다
소화불량 증상을 느끼고 있다
피로감, 전신쇠약을 느낀다.

☯ 자월(子月) 을목(乙木) ☯

○	乙	○	○
午	亥	子	○

겨울에 태어나 춥다.

☞ 축년(丑年)이 오면 어떨까?

⬆ 급각(急刻)살로 몸이 냉해지고 추워 죽겠다고 덜덜 떤다.

☞ 몸이 냉하니까 화기(火氣)가 필요하다. 화기(火氣)가 이루어지려면 오미(午未)하여 제격이다.

◈ 미(未)는 양이니 염소라 이럴 때는 보신용으로 염소가 최고다 "흑염소 잡수시요"하고 권하여보라.

☞ 수목(水木)응결(凝結)이라 신경이 굳어있는 편이다. 기능이 약하다.

◖◗ 금(金)에 해당하는 질환들.

♣ 척추·관절질환

강직성 척추염   결핵성 척추염
고관절 탈구 골관절염   골다공증
골육종   근막통증증후군
류마티스관절염   목디스크
발목관절염좌   선천성 고관절 탈구
소아마비 오십견   요통   척추관협착증
척추측만증   추간판탈출증_디스크   팔목터널증후군

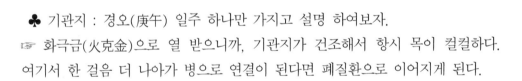

♣ 기관지 : 경오(庚午) 일주 하나만 가지고 설명 하여보자.

☞ 화극금(火克金)으로 열 받으니까, 기관지가 건조해서 항시 목이 컬컬하다. 여기서 한 걸음 더 나아가 병으로 연결이 된다면 폐질환으로 이어지게 된다.

♣ 폐 질환

☞ 폐는 가스교환을 통해 인체의 항상성을 유지하는 장기.

큰 기관지, 작은 기관지, 모세 기관지 등의 크고 작은 기관지와 폐포로 구성되어 있으며, 호흡을 통해 유입된 공기와 심장을 통해서 공급되는 혈액이 마치 포도 알갱이처럼 생긴 수억 개의 폐포 속으로 흘러 들어와 산소와 이산화탄소의 교환을 통해 푸른색, 시꺼먼 색의 혈액이 새빨간 색으로 바뀌어서 나온다.

☞ 폐질환 중 특히 폐암은 위암, 간암의 뒤를 이어 발병률이 높은 암이며 흡연과 도시화로 인한 오염, 스트레스 등으로 그 증가속도가 빨라지고 있다.

☞ 폐포(肺胞) : 폐로 들어간 기관지가 갈라져 그 끝에서 주머니 모양으로 된 부분《포도송이처럼 갈라져서 기체 교환의 작용을 함. 허파 꽈리.

♣ 폐질환 증상.

가래, 기침을 한다
가래에 피가 섞여 나온다
천식이 있다
감기가 오래간다(2주 이상)
야간에 열이 오른다
양쪽 어깨가 결린다
등이 자주 아프다
기침을 하지 않고 쉬는데도 숨이 찬다
누워서 잠자기 힘들다
수면 중 호흡이 불편하다
코가 자주 막힌다
목이 마른다, 건조하다
알레르기 비염, 알레르기 천식이 있다
코피가 자주 난다
동맥경화가 있다
비만, 고혈압, 당뇨 고지혈증, 흡연
가슴부위에 충격을 받은 적이 있다.
얼굴색이 검다.

♣ 골격(庚午 일주)
지지(地支)에서 치고 올라오는데 뜨거운 기운
이라 골수가 빈다. 골수암. 골수염(骨髓炎)이
나쁘게 되면 빈혈(貧血)이고, 이것이 아주 나쁘면 백혈병.

♣ 뼈에 생긴 감염증으로 골염(骨炎)이라고도 한다.

☞ 감염(感染)을 일으킬 수 있는 병균으로는 포도상구균등의 박테리아균, 결핵균, 진균, 바이러스 등이 있다.

☞ 주로 2세 이하와 8-12세 사이의 성장기의 소아에 빈발하고, 대퇴골, 경골, 상 완 골 등의 장골에 호발 한다.

♣ 백혈병(白血病)이란?

백혈병은 골수(骨髓)에서 생산되는 백혈구가 악성 종양 성 증식을 하는 질환이다.

백혈구가 증가하기 때문에, 혈액이 정상인보다 희게 보여 백혈병이라고 명명되었다.

☯ **오월(午月)의 무토(戊土) 일간의 사주.**☯ ━━━━━━━━━

庚　戊　庚　己
申　申　午　卯　　　☞　백혈병 중에서도 희귀병이다.

⬆ 지금 백혈병으로 고생을 하고 있는 어린이의 사주이다.

　2007년 현재 회복과 악화를 반복하고 있다.

♣ 피부 : 金일주가 火局이면 피부가 나쁘고 건성피부이다.

금일주(金日柱)니까 피부색이 하얗다. 고로 피부색이 하얗다면 모두 건성피부이다. 치아는 금인데, 수(水)는 스테미너이다.

☞ 기운 떨어지면 금생수 해야 하니까, 치아가 힘이 모자라니까 들뜬다.

- 코 (庚午 : 축농증).취각, 후각.
- 조혈(造血) : 피 만드는 곳(金多는 다혈질이다.)

♣ 혈질(血疾) : 피로써 오는 병 : 백혈병. 유행성 출혈.)

치질. 맹장 (충수염 : 맹장에도 급성맹장과 만성맹장이 있다.

병(病)이란? 걸려본 사람이 그 심정(心情)을 더 이해한다.
더구나 말로 표현하기 거시기한 부위는 더더욱 그렇다.

◇ 치질(치핵)이란?

☞ 치질(痔疾)이란 항문질환을 통칭하는 일반용어.

항문 질환 중 대부분이 치핵(痔核)이기 때문에 치질과 같은 의미로 쓰기도 한
다. 항문 및 직장하부에는 정맥−혈관들이 그물처럼 모여 있는데 이 정맥들이
여러 원인에 의해 주변조직까지 늘어나 덩어리를 형성하여 밑으로 빠지거나 출
혈, 혈전증 등의 문제가 발생하여 항문부위가 붓고 통증이 생기는 등의 문제가
일어나는 것이 치핵(치질)이다. 치핵은 항문과 대장의 경계부의 상부에 생기는
것은 내치핵, 바깥쪽에 생긴 것을 외치핵 이라한다.

♣ 사주에 인(寅), 사(巳), 신(申) ➜ 형살(刑殺)이 있으면 신금(申金)은 치질
(痔疾), 맹장(盲腸)으로도 보니 치질 관계로도 볼 수 있다. 형(刑)은 병(病)인
것이다.

♣ 충수의 염증(炎症)..

☞ 오른쪽 하복부의 대장이 시작되는 곳에 있는 맹장의 끝에 달린 길이 10cm
정 도, 볼펜 굵기의 끝이 막힌 장관을 충수라 한다.

　　　☞ 이곳에 세균이 들어가 염증을 일으킴

　　　☞ 충수염은 1년에 500명당 1명꼴로 나타남

☞ 여기서 모든 병이 만성병이 있는 사람은 음식을 조심해야 하는데, 음식 잘

못 먹고 급체하면, 만성이 급성으로 변해서 "아이구~배야"하면서 이게 바로 급성맹장으로 변한다.

☞ 맹장이 터지면 죽는다고 하는데 그 이유는?:

맹장이 터진 것은 곪아서 터진 것이 되는데, 창자는 그 곪은 부위에 물이 조금이라도 튕기면. 그 자리가 썩어버린다. 고로 위험하다는 것이다.

♣ 장질부사   : 장질부사도 맹장이 있어야만 낫는다.

　　만약 맹장이 없으면 장질부사 걸리면 죽는다.

　　장질부사란 장티푸스의 한자말이다.

　　장티푸스균이 창자를 침범하여 생기는 병이다.

◆ 장티푸스균 [腸typhus菌]

장티푸스의 병원균. 살모넬라균에 속하는 간균(桿菌)으로 8−12개의 편모로써 운동한다. 경구(經口) 침입으로 소장(小腸)에 이르면 발병하며, 직사일광·열·건조 따위에 약하다.

◆ 생리통(生理痛)

여성만이 갖고 있는 여성의 말 못할 고통의 하나다.

☞ 여성에게 있어 월경은 지극히 자연적인 현상

이지만, 월경이 있을 때에는 몸 안에서 호르몬,

신경, 혈액 등 여러 가지 생리적인 변화가 일어나기

때문에 정신적으로나 육체적으로 어느 정도의

위화감이 뒤따르는 것은 어찌할 도리가 없다.

☞ 정도의 차이는 있지만 생리 때가 가까우면 누구나 신경이 예민해져 쉽게 흥분하거나 잘 노하게 되지만 10대의 여중, 고 학생들은 정서적으로 민감할 뿐만 아니라 학업문제나 입시 등 환경적 요인이 복합적으로 작용, 스트레스가 가중된다.

☯ 금수냉한(金水冷寒)

○	辛	○	○
○	丑	子	○

생리통(生理痛)이다.

☞ 통증(痛症)이 심하니 네 발로 기어간다.

☯ 오월(午月) 경금(庚金) 일주

○	庚	丙	○
○	午	午	○

금(金)이 약하다.

☞ 양(量)도 적은데 새까맣게 타서 나온다.

⬆ 사주가 많이 냉(冷)해도, 또한 건조(乾燥)해도 생리통이 심한 것이다.

♣ 해소(咳消). 천식(喘息)

☞ 신생아 일 경우 금(金)일주 인데, 신약(身弱)할 경우, 백일해 예방주사를 일찍 놓아주도록 해야 한다고 이야기를 한다.

☞ 백일해(百日咳)의 잠복기는, 통상 5-14일, (최장 21일) 이다.

♣ 금일주(金日柱)가 신약하니
기관지(氣管支)가 약한 것이다.
기침부터 조심을 하여야 한다.
특히 환절기라든가 추운 날씨에
출생한 아이의 경우는
더더욱 조심해야 한다.

♣ 기관지 천식의 전형적인 증상으로
경미한 경우에는 가슴이 답답하고
마른기침이 주로 나타나다가 점차 진행이
되면서 숨이 차고 기침, 가래가 심해지며 가슴에서 피리 부는 소리나 `쌕쌕'하는 소리, 가래가 끓는 카랑카랑한 소리가 들릴 수가 있다.

☞ 특히 야간이나 새벽에, 찬바람에 노출될 때 심하고 한번 감기가 걸리면
증상(症狀)이 악화(惡化)되는 경우가 많다

♣ 두드러기도 금일주(金日柱)에서 연결된다.
금일주(金日柱)가 목(木)이 과다(過多)하면
신경만 쓰면 두드러기가 일어나고, 화(火)가
많으면 화병(火病)만 나도 두드러기도 같이 오더라.

♣ 수(水)에 해당하는 인체의 부위와 증세.
신장, 방광,腎氣, 비뇨기계통, 생식기계통,
타액(타액):침, 수분, 한냉, 귀(耳), 청각,
요통, 종아리 통, 생리통, 하복부 통, 냉증, 대하증.

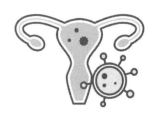

☞ 세상사 얽힌 것을 풀어주는 것은,
물처럼 흘러야 매사 형통한다.
응어리진 것은 녹여 없애야 편안한 것이고,
화(火)도 그와 같은 역할을 한다.
태워서 산산이 흩어지도록 하여 분산을 시키니 가뿐해지는 것이 아닌가.

☞ 그래서 암(癌) 치료 할 때에 자외선을 쏘여 치료하지 않는가?
단점(短點)으로 자외선을 쏘이면 신경이 죽으니, 그 죽은 자리를 수술하면 붙
지 않아서 항상 열어놓아야 하는 것이다.

◉ 암(癌)이란 덩어리요 뭉치는 것이므로, 움직이면 걸리지 않는 것이다.
인체의 각 부위가 쉬지 않고 운동을 하도록 하는 것이 최선의 방법이다.

2.   건강(健康)체질(體質)

◆ 건강체질이란 무엇일까?

사람이 건강하다고 하여 오장육부와 인체의 모든 기능이 항상 최고의 수준을 유지 할 수는 없다.

육체적인 면과, 정신적인 면에서 활동적이고 긍정적 이어야 한다.

그 특징은 무엇일까?

건강한 사람은 자기 자신을 아는 사람이다.

자기 자신을 안다는 것은 그리 쉬운 일이 아니지만 무리수를 두지 않음으로 심적인 부담을 항상 받지 아니하는 것이다.

정신적인 편안함을 누리므로 즐겁고 건강의 길로 가는 것이다.

그래서 자신의 부족함을 더 잘 아는 사람이다.

아는 길도 물어가라 하였듯이 매사 신중을 기하므로 실수를 범하지 아니하고 항상 겸손과 존경심을 갖고 지내니,

모든 이가 나의편이라 항상 두려움이 없는 것이다.

그래서 배움을 항상 중요하게 여기는 사람이다.

건강한 사람은 모든 일에 스스로가 책임을 지고,

남에게 떠넘기거나, 남을 탓하거나, 원망하지 않는 사람이다.

마음의 증오와, 애욕과, 편협함과, 모든 굴레에서 벗어나있는 사람이다. 건강한 사람은 어려움과 역경 앞에서도 굴하지 아니하고 도전−의지를 갖고 자기의 목표를 향하여 말없이 매진하는 사람이다.

건강한 사람은 자기의 감정을 쉽게 노출을 하지 아니하고,

스스로를 잘 다스릴 줄 아는 사람이다.

안에 간직된 희로애락의 기를 적절히 배출을 함으로써 신진대사의 원활함을 항상 유지하고 있다.

리듬의 싸이클을 항상 일정한 수준으로 지킨다.

♣ 건강을 사주로 판단을 하는 방법.

♣ 일단은 사주가 신왕(身旺)하고 운(運)이 좋아야 한다.

사주가 아무리 좋아도 운이 나쁘면, 그 또한 건강(健康)에 이상이 오는 것이다. 사주가 신왕하면 기(氣)가 강(强)하므로, 정신(情神)이 자연 맑아지고 충만해 져 몸 안의 모든 병(病)에 대한 저항력(抵抗力)이 생기고, 균형(均衡)을 이루 어, 질병이 침투, 활동(活動)을 못하도록 예방하는 것이다.

♣ 운(運)이 나쁠 경우는 어떨까?

☞ 운이 나쁘면 모든 것이 본인에게는 역(逆) 으로 작용한다.

보통 일주일 이면 치료가 가능한 것도, 그 이상 의 시간을 요하게 되고, 매사 모든 일이 꼬이기 마련이다.

● 병원에 입원을 하려해도 운(運)이 나쁠 때 는 병실이 없어서 며칠씩을 기다려야 한다.

♣ 우연히 어떠한 일이 순조롭게 진행이 잘 될 때, "우리 참 운이 좋았어!" 라는 표현을 쓰는 데 왜 일까? 은연중 나도 모르게 사용하는 말 이지만 흐르는 운이 좋았다는 것이다.

♣ 운(運)이 나쁠 때는 약발도 안 받는다.

☞ 수(水)일주에 수기(水氣)가 많을 경우를 보자.

가뜩이나 물이 많아서 희석작용을 하는데, 약을 복용할 경우는 남보다 더 많이 복용해야 한다. 그런데 운에서 또 수운(水運)이 온다고 하면, 그것 참이 되어버 린다.

☞ 원래 수(水)일주는 병(病)을 앓게 되면 길게 간다.

병도 오래가는 병을 앓게 되고 주변의 많은 사람들을 피곤하게 한다. 중풍이나, 치매처럼 말이다.

♣ 인수(印綬)가 너무 많은 경우는 허약(虛弱)체질로 보아야 한다.

왜냐하면 온실(溫室) 속에서 자라나는 화초(花草)와도 같으니까.

☞ 재(財)가 너무 많은 경우는 소화(消化) 작용이 약하다.

재(財)는 음식(飮食)인데 사주가 재다신약(財多身弱)으로 흐르므로 소화에는 자연 부담이 간다. 먹을 것은 많은데 내가 소화하는 능력이 부족하므로 많이 먹지를 못하고, 많이 먹으면 반드시 탈이 난다. 소화기능이 약한 것이다.

◇ 관살(官殺)이 많은 경우는 어떨까?

사주가 약하여 관살이 부담이 되는 경우, 관이 기신(忌神)작용을 할 경우.

◉ 관살이 많으면 접신(接神)이 잘 된다.

◉ 항상 위축(萎縮)된 상태가 되어 매사에 자신감(自信感)이 결여(缺如).

◉ 사람들을 만나는 것이 두렵고, 대인기피증마저 생긴다.

♣ 자손의 사주에 재(財)가 지나치게 강(强)하면, 아버지에 대한 기피증이 있는 것이다. 자연 부자(父子)간 대화(對話)가 적어진다.

◉ 아버지의 사주에 관(官)이 지나치게 강하면, 자식들에게 시달린다.

☞ 남의 아버지는 이것도 저것도 다 해주는데 우리 아버지는 이게 뭡니까?

하면 할 말이 없어지고 자식들이 마냥 부담스럽고 두렵기만 한 것이다.

☞ 부모의 노릇을 제대로 못하고 있으므로 말이다.

☞ 관(官)이 왕(旺) 하니 열심히 일해도 매일 그 타령이니 자식(子息)에게 핀잔을 받는 다.

♣ 우울증은 단순히 성격이 나약하거나 의지가 약해서 생기는 병이 아니다. 우리 몸속의 신경은 여러 가지 성분들이 조절하는데, 이는 일종의 호르몬으로 수백 가지 종류가 알려져 있다. 이중 몇 개의 성분에 변화가 일어나면 우울증(憂鬱症)이 생기게 된다.

◈ 형(刑), 충(沖)이 있는 사주는 수술(手術) 받아본다.

◈ 편관(偏官)인 칠살(七殺) 운에는 몸이 자연
아프게 되어있다. 편관(偏官)은 일이요, 좋게
이야기하면 일복이고, 나쁘게 이야기 하면 그저
바쁘다, 바뻐--, 손에 쥐어지는 것은 아무것
도 없는데 말이다.

☞ 이것이 나쁘게 작용하면 꿈자리도 사납다.
운전하다 교통사고가 발생해도 원인 제공에, 가
해자(加害者) 입장되고, 경상(輕傷)으로 다칠
것도 중상(重傷)으로 피해(被害)보게 된다.

☯ 墓庫(묘고)에 대하여.

☞ 묘고(墓庫)는 구병(久病)으로 재 발병을 의미한다.
구병(久病)이라 함은 옛날의 병을 말한다. 잠복(潛伏)되어 있는 병이다.

☞ 경금(庚金) 일주라고 하여보자. 축(丑)을 만
나면 어떻게 될까?
축(丑)은 지장간이(癸, 辛, 己)이다. 그러므로
신금(辛金)이 고(庫)이다. 고(庫)는 진(辰),술
(戌),축(丑),미(未) 인데 금(金)을 갖고 있는
것은 축(丑) 뿐이다.

☞ 경금(庚金)은 대장(大腸)이라, 대장(大腸)이
묘궁(墓宮)이다.
대장(大腸)의 기능은 수분(水分)을 흡수(吸收)
하는 일인데, 수분의 흡수라는 직책을 망각(妄
覺)하고 넘어간다면?
☞ 수분이 많으니 ➡ 장(腸)에서 그냥 내보낸다.
    흘러서 나가니 ➡ 설사(泄瀉)로 이어지는 것이다.

♣ 고장(庫藏)을 한 번 분석 하여보자.

고장(庫藏) 중에서 화(火), 토(土)는 동격(同格)이라, 무(戊) 토(土)일주를 보면 고(庫)가 → 술(戊)이된다. 토(土)일주에게는 비겁(比劫)으로 작용하고 들어간다. 비겁(比劫)이 작용하면서 들어가니, 힘이 약(弱)할 수밖에 없다.

♣ 고장(庫藏)을 살펴보자.

진(辰) : 수(水)와 연관이 되므로 비뇨기계통이 문제가 된다.
　　　　당뇨도 되고. 전립선암으로도 이어진다.
술(戊) : 조토가 된다. 위암과 연결.
축(丑) : 금(金)이므로 겨울이고, 꽁꽁 얼어 버린다.
　　　　대장암, 피부암, 과민성 장 증후군 궤양성대장염 대장염 변비
　　　　선천성 거대 결장증 십이지장궤양 십이지장염.
미(未) : 목(木)과 연결이 이어진다. 간 기능이 약하고, 간암.

☞ 신금(辛金)은 주로 치아(齒牙)와 연관이 되는데 위치에 따라 초년부터 치아가 부실 할 경우도 있고, 중년되어 틀니를 하여야 할 경우도 생기고, 임플란트로 하여도 잇몸이 부실, 대대적인 공사를 하는 경우다.

◉　庫藏(고장)은 창고(倉庫)이므로 모이고, 쌓이는 것이다.

☞ 지나치게 쌓이면 항상 밑에 있는 것은 썩기도 하고, 상하기도 하는　　　것이다. 그러다 보면 눌려서 굳어지기도 하고 딱딱한 고체 형태가 되기도 한다.
→ 암(癌)으로 이어진다.

☺ **인월(寅月)의 신금(辛金) 일간(日干)이다.** ☺ ▰▰▰▰▰▰

己　辛　丙　己　　☞ 신왕사주라 기본 체력은 갖추어져 있다.
丑　酉　寅　亥　　　　조후(調喉)가 잘 되어있다.

⬆ 인월(寅月)이라, 아직 약간 추운 기운이 있다.

목화(木火)가 필요하다. 음(陰)의 기운이 강하므로 항상 온기가 필요하다.

인해-합(寅亥-合)➡간이 좋고 유축(酉丑)➡금국(金局)으로 폐(肺)도 건강.

☞ 문제는 기(己)토인 위장(胃腸)이 조금은 약하다.

● 목극토(木剋土)로➡극(剋)을 받고, 토생금(土生金)으로➡설기(泄氣)하여 기력이 쇄진 된 것이다.

● 화생토(火生土)하여 병화(丙火)의 도움을 많이 받을 것 같으나, 일간(日干)인 신금(辛金)과 합(合)의 성향이 있어 기대치(期待値)가 약(弱)하다.

♣ 신년(申年)을 만나면 어떻게 될까?

● 인신-충(寅申-沖)으로 간이 열을 받아서 병(病)이 온다.

● 신금(申金)일주인데, 또 지지(地支)에 신금(申金)이 오니, 나의 재(財)인 인목(寅木)을 가로채버리는 것이다.

♣ 자년(子年)이면 어떨까?

자유(子酉)-귀문관(鬼門關)으로 병(丙)이 오는데 신경성이라 운(運)이 지나가면 괜찮다.

☞ 주의 할 것은 운(運)에서 오는 것은 운(運)이 지나고 나면 괜찮아지지만, 원국(原局) 자체에서 작용이 있을 경우 ➡ 항시 그 작용이 나오고 있다.

☯ 묘월(卯月)의 갑목(甲木) - 일간(日干) ☯

| 乙 | 甲 | 丁 | 甲 | 일지에 홍염(紅艶)살이니 바람둥이다. |
| 亥 | 午 | 卯 | 子 | ☞ 득령, 득세라 건강 체질이다. |

⬆ 목(木)이 많으므로 신경(神經)성이다.

◉ 사주(四柱)에 금(金)이 없으므로 알레르기 체질(體質)이다.

● 목(木)이 많으니 인정은 있는데 금(金)이 없어 의리는 없다.

●묘월(卯月)이라 2월의 큰 나무에 꽃은 피었는데 열매가 열리지 않는 나무.
●시작을 하여 꽃은 잘 피우는데 열매 즉 결실, 마무리를 잘하지 못해 모든 것이 공염불이 되고 만다.
● 마무리인 금(金)을 찾자면 용신(用神)인 화(火)➜꽃이 죽는다.

♣ 이치상으로 보면 꽃은 역할을 다 한 후 열매를 맺을 때는 없어져야 하는 것 같으나 마무리 할 때는 용신(用神)이라는 희생(犧牲)을 치러야 한다.
●용신(用神)이란 꼭 필요한 것인데 그것을 버린다는 것은 차, 포를 떼고 장기 두는 것이나 진배없다. 문제가 많다.

♣ 사주(四柱)를 보면 재(財) ➜ 토(土)가 보이지 않는다.
재복(財福)이 없고, 가정적(家庭的)으로 문제가 있다. 재(財)가 있어야 가정의 소중함을 아는데, 귀(貴)한 줄을 모르는 것이다.

☞ 갑목(甲木)이 오화(午火)로 꽃은 피었는데, 어디에 피었는가?
    일지(日支)에 피어있어서 중장년에 지고 만다. 시지(時支)에 있어야 끝까지 가는데 말년(末年)에 가서 수극화(水剋火) 당해 꺼져버리고 만다. 목(木)이 강하므로 담력은 좋은데 금(金)이 없어 폐활량이 부족이라, 이 사주는 용신(用神)인 화(火)로 만족해야 한다.
♣ 치료(治療)를 받으려면 금(金)인 침보다, 화(火)인 뜸이 제격이다.
용신(用神)이므로 약발이 잘 받는다. 뜨겁다 소리도 안하고 잘 치료 받는다.
♣ 술을 마시면 어떨까?
    술을 많이 하면 수목응결(水木凝結)로 목(木)이 병(病)이 든다.
☞ 간경화로 이어진다. 당뇨(糖尿)의 원인이 되기도 한다.

◑ 실전사주의 예 ◑ ▰▰▰▰▰▰▰▰▰▰▰▰▰▰

辛 戊 己 己   인수가 많고 비겁이 많아서 혼탁한 사주.
酉 辰 巳 未   ☞ 배다른 형제가 있다.(견겁(肩劫)이 왕 하다.)

➡ 일지(日支)에 재고(財庫)를 놓아 재복(財福)은 갖고 있다.

일주(日柱)가 지나치게 강(强)하여 의심이
많은 사주.

모든 복은 다 갖지 못한다.

☞ 여름에 출생, 묘미(卯未)가 급각(急刻)-살인데, 사주가 신강(身强)하니 신경통이 조금은 있겠다. 목(木)이 보이지 않고, 년지(年支)-미(未)에 고(庫)를 갖추고 있으므로 기능이 약하다.

간(肝) 기능이 노쇠한 형국이다.

(未--丁, 乙, 己)

♣ 묘목(卯木)은 습목(濕木)으로, 나무가 물에 들어가면 퉁퉁 불어난다.

☞ 지방간(脂肪肝)이다.

♣ 진(辰)이 있어도, 당뇨(糖尿), 습진(濕疹)을 주의.

☞ 화생토(火生土), 토생금(土生金)하여 순국(順局)으로 이어진다.

상관(傷官)이 용신(用神)이다.

☞ 여자(女子)라고 한다면 딸이 되므로, 딸과 같이 한 집에 같이 살아야 하는 것이다. 일(日)과 시(時)에서 진유(辰酉)-합(合)으로 금(金)이 된다.

결국 딸과 함께 살게 되는 것이다.

☞ 흐름이 화생토(火生土)하여 토생금(土生金)으로 이어지므로 하나를 알면 열로 써먹는데, 그 두뇌가 기가 막힌 것이다.

사(巳)가 천문(天門)성으로 영리하다.

같이 사는 것도 행복이다

◇ 합(合)에 대한 사항

☞ 월지(月支)와 시지(時支)의 합(合)이 문제가 되는데, 사유(巳酉)-금국(金局)인데 사화(巳火)는 경우에 따라서 금(金)도 되고 화(火)도 된다. 사월(巳月)이라서 반의 기운이 옮겨 간다 보면 될 것이다. 신강(身强)으로 볼 수 있다.

♣ 그림으로 살펴보자.

◉ 무토(戊土)인 산에 있어야 할 나무인, 관(官)인 목(木)이 보이지 않는다.

◉ 보석광산인 신유(辛酉)가 시주(時柱)에 있으므로, 앞장을 서고 있다.

◉ 산에는 나무가 있어야 하는 것인데, 식상(食傷)인 금(金)을 썼으므로 편법을 쓴 것이다. 여자의 가는 길로 비교한다면 정실로 가면 패망이요, 소실로 가야 잘 된다는 설명.

◉ 본 남편을 무시하거나, 받들지 아니한다.

♣ 이런 경우는 이혼을 해도 마찬가지다. 남편이 집에 있으면 오히려 불편하고 짜증만 난다. 공연히 불안하고, 초조하고 심리적으로 불안한 상태가 이어진다.

♣ 예를 들어 기묘년(己卯年) 운(運)을 만났다고 하자.

●상관(傷官)이 용신(用神)인데, 정관(正官)을 만난 것이다.

●상관-견관은 위화백단이라고, 재앙(災殃)이 그칠 사이가 없다.

●모든 상황이 뒤죽박죽 정신이 없다.

☞ 천간(天干)으로는 을신(乙辛)-충(沖)이요,

☞ 지지(地支)로는 묘유(卯酉) 상충(相沖)이다.

☞ 관식(官食)투전(鬪戰)의 상황이 전개가 된다.

◉ 육친(六親)으로 보면 자식(子息)과 남편(男便)이 서로 옳다고 싸우는 것이다. 중간에 있는 본인은 누구의 손을 들어주어야 할 것인가?

건강한 놈이 승자!

◉ 금(金)이 충(沖)을 받아서 폐(肺), 대장(大腸)에 병(病)이 오는 것이다.(기본사항)

◉ 천간(天干)과 지지(地支)가 동시에 충(沖)을 받으므로 머리에서 발끝까지 가는 것이다.

♣ 사주(四柱)를 보고 덕담(德談)하기

☞ 목(木)이 좋으면 : 아이구~그놈. 목하나 잘 빠졌다

☞ 화(火)가 좋으면 : 아이구~ 그놈 눈하나 좋네

☞ 토(土)가 좋으면 : 아이구~ 그놈 입하난 잘 생겼네

☞ 금(金)이 좋으면 : 아이구~ 그놈 코가 예쁘네

☞ 수(水)가 좋으면 : 아이구~그놈 귀가 잘 생겼구나.

◈ 자양강장, 정력(精力)에 좋은 약용식물.

삼지구엽초(음양곽), 참마,
산삼, 장뇌삼, 하수오,
노봉망(왕태벌집), 산잔대,
백봉령두충나무, 칡, 산수유,
산 둥굴레, 오미자, 가시오가피,
으름덩굴, 천궁, 야관문, 천마

3.精神疾患(정신질환)

♣ 정신질환(精神疾患)의 종류(種類).

강박장애, 거식증 건강염려증
계절성 우울증 공포증 공황장애
광장공포증   대인공포증
뚜렛장애 몽유병 불면증
불안장애 섬망 섭식장애 성도착
증 알쯔하이머 알코올중독
외상후 스트레스 장...우울증
월경전증후군   조울증   틱장애
하지불안증후군 해리장애   화병

◪ 우리는 살아가면서 우울하다, 울적하다, 슬프다, 기쁘다, 라는 기분을 자
주 느끼게 된다. 생활 속에서 늘 감정의 변화가 반복이 된다는 이야기다.
그러나 이런 일시적인 기분과는 달리 우울증은 단순히 슬프거나 울적한 기분을
지나쳐 정서불안, 불면증, 두통, 소화기장애 등 정신적, 신체적인 부분에까지
영향을 미쳐서 생활에 지장을 주게 되는데, 조증의 증상은 우울증과는 정반대
인데 들뜨고, 과대망상 적이고, 과민하고 흥분하기 쉬운 기분이 전형적인 특징
이다.

◆ 정서(情緖)의 이상
우울한 기분은 우울증의 기본증상으로 상당히 오랜 기간 지속되고 일상생활 전
반에 걸쳐 영향을 주게 된다. 대부분 불안 증상을 함께 동반하게 된다.

♣ 스트레스(Stress)란?
☞ 사람이 살면서 받는 모든 자극을 스트레스라고 한다.

자신에게 부담이 되는 생활사건이나 변화가 모두 해당되는데 현대를 스트레스의 시대라고 말하는 것이다.

☞ 그만큼 우리는 복잡하고 변화가 많은 세상에 살고 있는 것이다.

그러나 모든 스트레스가 나쁜 것은 아니며, 잘 조절하면 오히려 심신에 좋은 자극이 될 수 있는 것이다

♣ 사고(思考)의 이상(異狀).

☞ 자신이나 세상에 대한 부정적 생각을 갖는다.

상실, 죄책감, 자살이나 죽음에 대한 계속적 생각 등을 가지며 심하면 건강 염려증, 신체망상, 허무망상, 피해망상, 죄책망상 등을 가질 수도 있다. 자살사고는 환자의 약 2/3에서 나타나고 10–15%는 자살 시도를 한다고 한다.

♣ 욕동 및 행동장애

☞ 흥미나 즐거움의 상실 뿐 아니라 생활 전반에 걸쳐 의욕상실이 나타나고 활동이나 친구, 가족과의 관계를 유지하기 힘들며 에너지 저하로 하던 업무를 끝내지 못한다. 매사의 욕이 떨어지는 것이다.

따라서 학교생활이나 직장생활을 제대로 해내지 못하며 새로운 업무를 시작하기가 어렵다. 창의성 이라고는 찾기가 힘들다.

♣ **신체증상**

☞ 주로 수면장애가 나타나는데 대개 새벽에 일찍 깨고, 밤중에 자주 깨며 어떤 문제에 대해 밤새도록 골똘히 생각을 하게 된다. 불면증에 시달린다.

대부분 식욕과 체중이 감소, 증가하기도 하며 월경불순과 성욕감퇴가 나타난다. 그 외 소아 청소년에선 학교 공포증, 부모에 대한 지나친 집착, 성적저하, 물질남용, 무단결석, 가출 등이 나타날 수 있으며 노인에게서는 신체증상이 더 흔하고 치매처럼 보이는 인지장애가 많

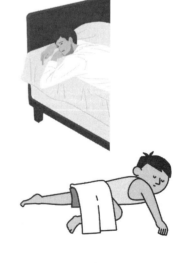

수면장애

은 것이 특징이다.

♣ 공황 발작 비교적 짧은 시간동안 강렬한 불안, 공포가 나타나는 것으로, 이때 심계항진이나 빈맥과 같은 자율 신경계 증상들이 함께 동반된다. 이런 공황발작이 예고 없이 자연적으로 발생하는 것을 공황장애라고 한다.

♣ 정신분열증은 비교적 이른 나이에 발병하여 인간의 인지, 지각, 정동, 의지, 행동, 사회활동 등의 다양한 정신기능에 이상을 초래하는 질환이다.

♣ 정신분열증(精神分裂症)의 증상(症狀).

☞ 망상, 환각, 혼란스러운 언어, 전반적으로 혼란스러운 혹은 긴장성행동, 음성증상, 즉 정적 둔화, 무언 증(말이 없는 것), 혹은 의욕이 없는 증상, 등 사회적, 직업적 기능장애

♣ 편집성 성격장애

편집성 성격장애는 일반적으로 타인의 행동을 계획된 요구나 위협으로 보고 지속적인 의심과, 불신을 갖는 경우를 말한다.

♣ 분열성 성격장애

☞ 분열성 성격장애는 일생동안 사회로부터 격리되듯 되어 있으며, 다른 사람들과의 관계 형성 능력과 적절히 반응하는 능력에 심각한 장애가 있고, 지나치게 내향적이며, 온순하고, 빈약한 정서가 특징인데, 다른 사람들이 볼 때 괴벽스럽고 외톨이처럼 보이기도 한다.

☞ 분열 형 성격장애 환자의 행동은 일반 사람들의 눈에도 괴이하거나 이상하게 보인다. 사회적 고립, 텔레파시 같은 마술적 사고, 관계망상, 피해의식, 착각, 등이 특징이다.

☞ 관계망상이 있을 수 있으며, 행동에 영향

현대인 이라면 누구나 기본적으로 간직하고 있는 병. ─────────

을 주며 소문화권의 기준에 맞지 않는 이상한
믿음이나 마술적인 사고를 갖고 있다. 신체적
착각을 포함한 이상한 지각경험을 하기도하고,
이상한 생각이나 말을 하며, 의심하거나 편집
증적 사고도 있다.

부적절하고 제한된 행동과, 괴이한 행동이나
외모가 있으며 일차가족 이외에 친구나 주변이 없다.

◉ 친하다고 해서 불안이 감소하지 않으며 자신에 대한 부정적인 판단보다도
편집증적인 공포와 관계되어 있는 과도한 사회적 불안이 있다.

◉ 종교적인 관계로 잘못보고 심취한다고 하여 신 내림이나, 기도원 등을 방황
하거나 종교적인 기관에 억류하기 이전에 이러한 상황도 참작을 하는 것이 좋
을 것이다.

♣ 히스테리성 성격장애
☞ 히스테리성 성격장애 환자들은 흥분을 잘하고 감정적인 사람들로서, 다양
하고 극적이며 외향적이고 자기 주장적, 자기 과시적이며 허영심이 많다. 다른
사람들의 관심과 주의를 끌기 위해 과장된 표현을 하지만, 실제로는 의존적이
며 무능하고 지속적으로 깊은 인간관계를 갖지 못한다.

♣ 자기애성 성격장애
☞ 자기애성 성격장애 에서는 자신의 재능, 성
취도, 중요성 또는 특출성에 대한 과대적인 느
낌이 있고, 타인의 비판에 매우 예민하나, 감정
이입은 결핍 되어 있다.

☞ 자신의 중요성에 대한 과대한 느낌을 가지
고 있다. 무한한 성공, 권력, 명석함, 아름다움,
이상적인 사랑과 같은 공상에 몰두.

◉ 자신의 문제는 특별하고 특이해서 다른 특별한 높은 지위의 사람만이 그것
을 이해할 수 있고 또는 관련해야 한다고 믿는다.

◉ 과도한 숭배를 요구하며, 특별한 자격이 있는 것 같은 느낌을 갖는다.

♣ 대인관계에서 착취적이어서 자신의 목적을 달성하기 위해 타인을 이용한다. 타인의 느낌이나 요구를 인식하거나 확인하려 하지 않는다. 다른 사람을 자주 부러워하거나 다른 사람이 자신을 시기하고 있다고 믿고. 오만한, 건방진 행동이나 태도를 보이기도 한다.

◉ 자신이 마치 신의 계시를 받고, 특별한 능력이 자기에게만 부여된듯 행동을 하여 종교적인 주술행위와 착각을 하는 경우가 이런 예 이다.

♣ 반사회적 성격장애

☞ 반사회적 성격장애란, 사회적응의 여러 면에 걸쳐서 지속적이고 만성적으로, 비이성적, 비도덕적, 충동적, 반사회적 또는 범죄적 행동, 죄의식 없는 행동 또는 남을 해치는 행동을 나타내는 이상성격이다.

사회의 정상적 규범에 맞추지 못하는 성격이다.

이단아, 문제아, 범법자.

☞ 체포의 이유가 되는 행위를 반복하는 것과 법적 행동에 관련된 사회적규범에 맞추지 못한다. 반복적으로 거짓말을 하고, 가짜 이름을 사용하며, 자신의 이익이나 쾌락을 위해 타인에게 사기행위도 한다. 충동적이거나, 미리 계획을 세우지 못한다. 신체적 싸움이나 폭력 등이 반복됨으로써 나타나는 불안정성 및 공격성을 가지고 있다.

자신이나 타인의 안전에 대한 부자연스러운 무시가 있기도 하다.

일정한 직업행동 또는 명예로운 재정적 의무의 지속에 반복적으로 실패하는 것으로 나타나는 지속적인 무책임성이 있다. 다른 사람을 해하거나 학대하거나, 다른 사람 것을 훔치는 것에 대해 무관심하거나, 합리화하는 것으로 나타나는 양심의 가책 결여가 있을 수 있다.

♣ 경계성 성격장애

☞ 경계성 성격장애는 정서, 행동 및 대인관계의 불안정과 주체성의 혼란으로 모든 면에서 변동이 심한 이상 성격을 지칭하는 것이다. 항상 위기 상태에 있

는 것처럼 보인다. 이들은 어떤 위기상태에 놓일 때 참을 수 없는 분노감을 나타내고 논쟁적이고 요구 적이며, 자신의 문제를 다른 사람에게 책임 전가시키려 한다.

☞ 평상시에도 기분은 변동이 심하며 만성적인 공허감과 권태를 호소 하기도하고, 대인관계가 불안정하고 강렬하며, 의존과 증오심을 동시에 갖고 있고, 불안정하고 강렬한, 자제가 곤란한 분노반응을 보인다.

◉ 실제적 또는 상상된, 버림받을까 하는 느낌을 피하기 위해 미친 듯 행동을 한다. 그래서 혼자 있는 것을 참지 못하는데, 행동 면에서는 매우 돌발적이고, 통제력이 상실되어 있어서 예측할 수 없으며, 낭비, 성적 문란, 도박, 약물남용, 좀도둑질, 과식 등의 행동을 보인다.

◉ 때로는 자해행위, 자살위협을 하기도 하는데, 남들로부터 동정을 받기 위해서라든지, 분노를 표시하기 위하여, 또는 자신의 불안정한 정서를 가라앉히기 위해서이다.

♣ 회피성 성격장애

☞ 회피성 성격장애는 거절과 배척에 대한 극도의 예민성이 특징이며 이 때문에 사회적으로 위축된다.

☞ 내심 친밀함을 강하게 원하고 있으나 부끄러워하기도 한다.

☞ 사람들이 전적으로 자신을 받아들이기를 원하고 있다.

☞ 사회적으로 은둔적인 생활을 하지만 실제로는 남들과 안정된 친분관계를 갖기를 열망하고 있다. 그러나 상대방으로부터의 거절에 대하여 지나치게 민감하고 두려워하기 때문에 조건 없이 확고한 보장을 받을 수 있는 대인관계만을 갖고자 하는 것이 특징이다.

◉ 자존심이 낮으며 거절에 대한 지나친 경계심 때문에 심한 마음의 상처를 받으면 다른 사람들로부터 떨어져 나와 은둔적인 생활을 해버린다.

◉ 직업적인 영역에서는 수동적인 분야에서 일하고, 공포성 회피가 흔하다.

♣ 의존성 성격장애

☞ 의존성 성격장애는 자신의 욕구를 타인의 욕구에 종속시키고, 자신의 삶의 중요부분에 대한 책임을 타인에게 지우며, 자신감이 결여되고 혼자 있게 되었을 때 심하게 괴로움을 느끼는 성격장애이다.

◉ 프로이드가 구강적 성격이라고 묘사한, 의존성, 비관적 사고, 성에 대한 공포, 자기의심, 수동성, 피암시성, 인내심 결여 등의 특징을 다 보이고 있다.

☞ 의존(依存)과 복종(服從)이 특징적이다.

타인의 도움과 보살핌을 항상 필요로 하며, 자신의 삶에 있어서의 책임을 타인에게 맡긴다.

◉ 염세적이고 수동적이며 성적 또는 공격적 느낌을 표현하는데 두려움을 갖고 있는 것이 특징이다.

◉ 이들은 자신이 책임져야 할 입장을 회피할 뿐만 아니라 어쩔 수 없이 책임져야 할 때에는 불안해한다. 또한 사소한 일도 자신이 결정하기 못하고 상대방의 주장에 따르기만 하고, ☞ 자기의 욕구를 억제한다. 이는 자신을 도와주는 사람과의 밀착관계가 깨어질까 두려워하기 때문이다.

◉ 예를 들면 학대하는 남편에 대해 참고 견디는 부인의 경우를 들 수가 있는데 요사이는 반대로 남편이 이를 감수하며 살고 있는 경우 도 많다.

♣ 강박성 성격장애

☞ 강박성 성격장애는 감정적 억제, 규칙성, 고집, 완고함, 우유부단, 완벽주의, 융통성 없음 등이 특징이다.

☞ 기본적인 특징은 정돈성, 인내심, 완고함, 우유부단 그리고 감정표현의 인색함 이다.

◉ 대인관계에서는 따뜻함이나 부드러움을 표현하는 능력이 제한되어 있다. 모

든 일에 합리적이고 형식적이어서 다른 사람들에게 거리감을 주게 된다.
이들은 서로 주고받는 일이란 거의 없다.

◉ 모든 일이 또는 자신의 사생활이 올바르게 일정한 틀에 맞게 유지되고 있는
지에 대하여 지나치게 신경을 쓰고, 다른 사람들에게는 냉담하며 지나치게 통
제된 생활을 하므로 옹졸한 사람으로 보여 진다.

◉ 대인관계에 있어서 주로 수직관계를 유지하
기 때문에 자신도 위 사람에게 철저히 복종하
지만, 아래 사람들도 자기에게 복종하기를 원한
다.

◉ 주위 사람들이 완벽하지 못할 때는 경멸하
고 분노를 느끼지만 겉으로 표현 하지 않는다.

◉ 이들은 혹시나 실수를 하지나 않을까 하는
두려움 때문에 모든 일에 우유부단한 자세를
취하고, 사회생활에서는 이들의 정돈성과 완벽
성 때문에 융통성이 요구되는 직업에서는 실패
하나, 정확성이 요구되는 직업에서는 성공적일
수 있다.

♣ 정신질환자의 소리는 귀담아 들어야하고, 원래 내성적인 사람이 정신질환에
잘 걸린다.

◉ 인간에게는 靈(영)이 있다. 화(火)일주가 가장 강하다 보면 척하고, 스스로
가 판단을 한다.

◉ 타(他)에 의하여 판단을 한다. 무당: 다른 영(靈)의 지배 받는다

♣ 치매

현대에 있어 더욱 증가추세를 나타내고 있는 병(病)중의 하나이다.

☞ 치매는 환자 본인을 황폐화시킴은 물론 가족들에게도 큰 마음고생을 시키는
질병이다. 병의 경과는 건망기, 혼란기, 치매기로 나뉘며 치매의 종류에는 퇴행
성인 알츠하이머, 뇌혈관의 이상으로 발생하는 혈관성 치매, 알코올성 치매, 외
상 성 치매, 감염성 치매, 내분비대사성 치매, 우울증 히스테리에 의한 가성 치

매, 파킨슨병, 약물 중독성 치매 등이

♣ 증상을 열거하여보면
　기억력이 떨어진다.
　판단력이나 행동의 장애가 온다.
　일상생활에 무관심해진다
　기억력이 감퇴돼 건망증이 심하다
　의욕이 없어진다.
　불안 초조해진다
　목소리가 쉬고 말이 느려진다
　남을 의심하기 시작한다.
　성격의 변화가 온다.
　불면증이 생긴다.
　불러도 잘 대답을 안 한다
　집을 찾지 못한다.
　고함을 지르거나 성을 잘 낸다.
　위험한 것을 잘 분별하지 못한다.
　대소변의 조절이 잘 안 된다
　깔끔하던 사람이 지저분해진다

♣ 간질(肝疾)의 종류
간질이란 발작적으로 경련·의식 상실 등의 증상을 일으키는 질환. 《눈알이 뒤집히고 졸도하여 게거품을 문다. 지랄병. 전간(癲癇). 간기를 말하는데 그 형태를 보면
♣ 대발작 – 정신을 잃고 온몸에 경련이 오는 형태
♣ 소발작 – 잠깐 의식소실만 오는 형태
♣ 정신운동발작 – 잠시 엉뚱한 행동을 하고 기억을 못하는 특징 있음.
♣ 목(木), 화(火), 토(土) 일간(日干)이 심히 약할 때, 선천적(先天的) 경우
☞ 목(木)은 두뇌이고, 화(火)는 정신(情神)인데 화(火)가 허약(虛弱)하면 목(木)도 자연히 약해지고, 토(土) 가 허약(虛弱)하면 화(火)에서 생(生)을 많이

해줘야 하므로 화(火)인 정신이 혼미(昏迷)해진다

☞ 또한 토(土)일주(日柱)는 산(山)을 좋아해서 산에 잘 간다, 고로 산을 믿다 보니까 산의 영(靈)과 통한다. 산신(山神)을 숭배하고 좋아하게 되어있다.

◉ 그래서 그런지 토(土)일주들은 종교(宗敎)와 연관이 많은 모양이다.

♣ 수(水), 목(木), 화(火) 일주가 왕(旺) 한자, 선천적(先天的)인 경우

목(木)일간이 태왕하면 : 신경이 굳어버린다

화(火)일간이 태왕하면 : 다자무자로 오히려 정신이 없다

수(水)일간이 태왕하면 : 수(水)가 왕 하면 화(火)인 정신이 죽으니까

수(水)가 왕(旺)하면 : 청각(聽覺)작용이 발달해서 남이 못 듣는 소리까지 들을 수 있다.

◇ 이명(耳鳴)이란?

☞ 생리적(生理的) 현상으로는 보통은 느끼지 못하는 것으로 외부의 소리 자극 없이 소리를 느낄 때 이명(耳鳴)이라고 한다.

영(靈)적인 능력(能力)으로 인하여 소리를 듣는다 하는 경우, 일단은 이 현상이 아닌 가하고 일단은 확인 해보아야한다.

◉ 아무나 영적인 능력을 갖는 것이 아니다. 착각(錯覺)을 하여 내림굿이니, 뭐니해서 신세망 치는 일이 없도록 해야 할 것이다. 일부 몰지각한 사람들에 의하여 이러한 행위가 이루어져 실로 선한 사람들이 피해를 많이 보고 있다.

♣ 화(火)일주 : 스크린이 보인다. 귀신이 보이고 그 사람의 과거가 보인다. 물론 그런 경우도 있겠지만 그런 성향이 강하다는 것이다.

♣ 귀문관(鬼門關)살이 있는 자 : 귀문은 정실질환에 해당하는 흉신 이다. 고로 일주가 약할 때, 귀문관살 운을 만났을 때에 정신질환이 생기기 쉽다.

무조건적인 정신 질환하면 그것처럼 무책임한 소리는 없을 것이다.

☞ 정신질환에도 종류가 많다.

사주를 분석하여 그것을 찾아내어 설명이 있어야 한다. 역학을 하는 사람은 의사는 아니다. 그러나 진단은 할 수가 있는 것이다. 역학적으로 말이다. 물론 오진도 있을 수가 있을 것이다. 최대한의 오진은 없도록 공부하고 노력하여 정확도를 기해야한다. 그래야 진정한 역학인 이

♣ 귀문관살(鬼門關殺)이란?

흉(凶)과 길(吉)의 판단이 먼저다.
자유(子酉), 축오(丑午), 인미(寅未),
묘신(卯申), 진해(辰亥), 사술(巳戌)
이상의 여섯–가지를 말한다.

♣ 정신 질환도 그 이유를 알아야 한다
왜? 라는 물음에 앞서 그 원인(原因)을
찾아라.

☞ 이성(理性)으로 인한 것인지, 자식(子息)으로 인한 것인지, 부모(父母)로 인한 것인지, 업무(業務)로 인한 것인지 또한 조상(祖上)으로 연결하면 상식(傷食)이 많은데➔귀문관살(鬼門關殺)이면 할머니 무덤을 잘못 썼고, 편인(偏印)에➔귀문관살(鬼門關殺)이고,

➔ 관살(官殺)–태왕(太旺)이면 할아버지 무덤을 잘못 썼다.

◉ 이것은 극히 단편적이고 무책임한 소리다.

◉ 이제는 역학(易學)도 과학적(科學的)인 근거(根據)를 제시 하여라.

◉ 다 안에 있는 것이다. 찾아야 하는 것이다.

♣ 관살(官殺)이 태왕(太旺)한 자(者).

관살(官殺)이 많으면 신약(身弱)하니까 위축(萎縮)되고, 기(氣)를 펴지 못하며 살(殺)은 귀(鬼)로써 정신질환(精神疾患)이 있기 쉽다. 신왕한 경우 외부(外部)의 충격(衝擊)을 생각해본다.(일시적 일 수 있다.)

현대인 이라면 누구나 기본적으로 간직하고 있는 병. ──────

☯ 을사(乙巳)가 고란살이다.☯ ▓▓▓▓▓▓▓▓▓▓▓▓▓▓▓▓▓▓

```
己  乙  乙  壬
卯  巳  巳  申        사신(巳申)➡형(刑)이다.
```

⬆ 목(木)일주가 火多木焚(화다목분)으로 화기(火氣)가 왕(旺) 하여 나무가 바짝 말라 버린다. 심하면 타버리는 것이다.

☞ 목(木)이란 신경인데 말초신경(末梢神經)에서부터 자극(刺戟)을 받기 시작한다. 목(木)은 간, 담이라 간이 뒤집히고 난리가 난다.
☞ 이어지는 병명(病名)은 간(肝)질환에, 정신(情神)질환으로 연결된다.
    만약 대운(大運)이면 귀문관살(鬼門關殺)로 정신질환이 틀림없다.
☞ 4월의 을목(乙木) 꽃이 피었는데 사화(巳火)가 월(月)에 있어서 나무는 적고 꽃은 많다.
사화(巳火)가 천문(天文)으로 공부에 해당하니까, 지나치게 공부에 집착을 하나 일간(日干)이 신약(身弱)해서 능력부족으로 화(火)로써 정신(情神)이 돌아 버린다.

♣ 정신(情神)이상(異狀).
현대인은 전부가 정신병자(精神病者)라
하여도 지나친 말이 아니다.
조금씩은 다 갖고 있다.
그것이 정상이니까.

◈ 정신(情神)이상도 종류가 있다.
완전한 정신이상이 있고, 일부분으로 정신이상이 있다:
다른 것은 모두 훌륭하고 정상인데, 여자만 보면 미쳐 버린다.
" 아 이 양반 다른 것은 모두 좋은데, 왜 계집만 보면 미쳐 돌아가나요?"
♣ 위치(位置) 별로 판단(判斷)을 한다면

☞ 년, 월에 귀문(鬼門)이면 : 조상으로 인한 정신이상을 주의하고,l

☞ 월, 일에 귀문(鬼門)이면 : 부모 형제로 인한 정신이상을 주의하고,

☞ 일, 시에 귀문(鬼門)이면 : 자식 때문에 말년에 정신이상 주의하고,

♣ 너무나 평범하고 천편일률적인 답변이다.

왜? 오행별로 속성을 파악하고, 직업과, 기타 환경을 분석하고, 심성도 파악을 하고 할 것이 너무나 많다. 그런 후에 결론이 나오는 것이다.

☻ 실전사주의 예 ☻ ══════════════

庚	己	丙	丙
午	卯	申	申

년, 월의 병화(丙火)는 재살(財殺)이다.

☞　용신(用神)은 오화(午火)가 된다.

⬆ 어머니가 둘이면 무엇을 하나!

년, 월 의 병화(丙火)가 正印(정인)인데 모두 죽어 있고, 오(午)중의 정화(丁火)-편인(偏印)만이 살아있으니까 기(己)-토(土)는 이렇게 생각을 한다.

"그래도 나를 키워준 어머니가 백 배 더 낫다고 생각을 하게 된다."

묘신(卯申)으로 귀문관살이다. 정신질환을 앓아 보았다.

☞ 관식(官食)-투전(鬪戰)으로 금(金)과 목(木)이 싸우니 이 상황을 어떻게 타개할 것인가? 여자(女子)가 관식투전(官食鬪戰)이면 무조건 매 맞고 산다(구박받고 산다). 입의 매.

●월(月)에 상관(傷官)을 놓아서 청개구리요, 무법자(無法者)요, 위법행위에는 일등이고 반항(反抗)파이다. 그래도 지 멋에 잘났단다.

☞ 상관(傷官)이 기신(忌神)으로 조상(祖上)대, 부모(父母) 대에 업(業)을 파(破)하여 망(亡)했다.

현대인 이라면 누구나 기본적으로 간직하고 있는 병. ──────

♣ 인수(印綬)를 따라서 착하게 살아야만 좋아진다.

만약 부인(婦人)이 와서" 우리 서방님 신수 좀 보아 주세요~" 하면 먼저 직업을 알아야 한다.

☞ 이 사주는 신약(身弱)해서 사업가(事業家)는 아니다. 인수(印綬)가 용신(用神)이니까 관(官), 인수(印綬)도 모두 직장(職場)으로써 직장 다닌다고 봐야 한다.
● 경진(庚辰)년이면 상관(傷官) 운이니까 금년에 직장에서 사표 냈다.

♣ 진(辰)이 재고(財庫)로써 퇴직금(退職金) 받았는데, 재고(財庫)니까 많이 받았겠나? 아니면 적게 받았겠나? 이런 경우는 나이를 참조하라.
☞ 40대라면 퇴직금을 받았으면 얼마나 받았겠나?
고로 적게 받았다. 화(火)용신이 진(辰)을 만나면 꺼져가니까 죽는 줄 모르게 죽고, 골병드는 줄 모르게 골병이 든다.
☞ 또한 상관(傷官)은 할머니인데 신진(申辰)은 삼합(三合)으로 수국(水局)인데 변동이니까 할머니의 변동이다. (항상 변동(變動)이 되는 것의 육친(六親)을 살펴 추명 한다.)
◈ 금년(今年)에 할머니 산소 손보셨어요?"
에~ "큰일이네요, 할머니 산소를 손대고서 당신은 매사 엉망이네요~"(흉(凶)으로 작용할 때다.)
☞ 화생토(火生土)로 수입(收入)에 의존해야 하는데, 토생금(土生金)으로 지출(支出)만 되니까 죽겠단다.
☞ 기(己)-토(土)가 약(弱)하니까 지층(地層)이 엷어서 뿌리가 금방 뽑히고, 환경에 쉽게 당하고, 가볍다. 고로 항상 무게 있게 행동하라.
기(己)-토(土)는 입이므로 항상 입조심.

◈ **뇌(腦)와 정신(情神)-건강(健康)에 좋은 약용식물(藥用植物).**

원추리, 석창포, 호두, 가래, 송이버섯, 송엽, 송화, 할미꽃,
가시오가피, 영지버섯, 산삼, 피나무, 화살나무, 복령, 산해박,

3.정신질환(精神疾患)

현대인 이라면 누구나 기본적으로 간직하고 있는 병. ────────

4. 視力障害(시력장해)-안과(眼科)

◇ 눈

☞ 눈은 색의 변화에 주의해야 한다. 황색 눈은 황달로 간이 좋지 않고, 파란 눈은 간에 기운이 빠져 나타나는 것이다. 충혈이 잘 되면 간에 스트레스나 음주독이 쌓여 간에 열이 많다.

책보는 눈이 가장 아름답다

◇ 눈으로 알아보는 건강 진단법

♣ 눈의 크기로 볼 경우
간, 담이 허한 경향이 있어 무서움을 잘 탄다. (눈이 큰 사람.)
목에서 가래가 끓고 편도가 자주 붓는다.

♣ 눈꼬리가 아래로 처졌을 때.
명치끝이 자주 아프며 대변을 잘 참지 못하거나, 배가 자주 아파 자주 설사를 하는 경향이 있다.

♣ 눈꼬리가 위로 올라갔을 때
성격이 예민(銳敏)하고 감정의 기복이 커 신경성 질환에 걸리기 쉽다.
기(氣)가 제대로 소통 못하면 울체되어 가슴이 답답하고, 뒷목이 뻣뻣하면서 목이 불편하다.

♣ 눈이 푹 들어갔을 때
눈이 푹 들어가면 비위가 좋지 않은 것으로 위장병으로 고생한다.
추위를 유난히 많이 타고 몸이 냉하기 때문에 여성은 불임이나 자연 유산을 조심해야 한다.

☻ 시력(視力)-장애(障礙)의 원인(原因)과 분석(分析).

☞ 목(木), 화(火), 토(土)일주가 재살(財殺)이 태왕(太旺)한 자.

☞ 일주(日柱)가 모두 약(弱)한 팔자로 매우 신약한 사주다.

☞ 목(木)일주가 목(木)이 약하면 목생화(木生火)를 못하고, 화(火)일주가 화(火)가 약하면 그 자체가 약하고, 토(土)일주가 토(土)가 약하면 화(火)일주가 화생토(火生土) 하여 토(土)를 보살피느라 본인인 화(火) 자신이 약(弱)해질 수밖에 없다.

♣ 사주에서 화(火)가 깨져있고, 화(火)가 약할 경우.

   우선 오행으로 화(火)가 속한 부분을 살펴보자.

◉ 화(火)는 병(丙),정(丁)-화(火)인데 병화(丙火)는 소장(小腸)이고, 정화(丁火)는 심장(心臟)인데, 눈과도 동격(同格)으로 취급한다.

◈ 눈이 작은 사람은 심장이 좋고, 눈이 큰 사람은 심장이 약하다.

◆ 화(火) 일주 인데 화(火)가 많으면 어떨까?

☞ 다자무자(多子無子)의 원리(元理)에 의하여 오히려 없는 것과 진배가 없다.

☞ 그래서 시력(視力)에 이상이 있는 것이다.

◈ 화(火) ➡ 형충(刑沖)➡깨어져 있으면 ➡시력(視力)에 장애(障礙).

♣ 컴퓨터는 화(火)로 본다.

텔레비전도 역시 마찬가지이고, 왜 이것의 예를 드는가 하면 요즈음 은 인터넷의 발달로 인하여 컴퓨터와 접하는 시간이 너무도 많아졌다. 그러다 보니 지나친 화(火)와의 접촉으로 인하여 어린 시절부터 안경을 쓰는 사례가 무척 많아졌다. 안경을 쓰는 자체도 시력(視力)이 약화(弱化)되어 사용하는 것이므로 시력의 장애(障礙)로 보는 것이다.

♣ 예전에는 맹인(盲人)이라 하여 양쪽 눈에 장애를 갖고, 그것이 심하여 앞을 못 보는 경우가 많았다. 그러나 지금은 의술의 발달로 인하여 보기가 많이 힘들어졌다.

☞ 사실이지 사주(四柱)만 보고, 이 사주의 주인공이 맹인(盲人) 인가를 구별한다는 것은 참 어려운 일이다.

◘ 눈의 구조

♣ 각막 (Cornea)
눈의 가장 바깥쪽에 있는 투명한 무혈관 조직으로 흔히 검은동자라고 한다.
각막의 기능은 안구를 보호하는 방어막의 역할과 광선을 굴절시켜 망막으로 도착시키는 창의 역할을 한다.

♣ 동공 (Pupil)
특별히 있는 조직은 아니고 홍채의 중앙에 구멍이 나있는 부위.

♣ 수정체 (Lens)
수정체는 양면이 볼록한 돋보기 모양의 무색투명한 구조로서 홍채 뒤에 있는데 기능은 각막과 함께 눈의 주된 굴절 기관이다.

♣ 홍채 (Iris)
각막과 수정체 사이에 위치하며 홍채의 색은 인종별, 개인적으로 차이가 있을 수 있다. 색소가 많으면 갈색, 적으면 청색으로 보인다. 홍채의 기능은 빛의 양을 조절하는 조리개 역할을 한다.

♣ 망막 (Retina)
안구 뒤쪽 2/3를 덮고 있는 투명한 신경조직으로 카메라의 필름에 해당하는 부위. 눈으로 들어온 빛이 최종적으로 도달하는 곳이며, 망막의 시세포들이 시신경을 통해 뇌로 신호를 보내는 기능을 한다. 우리가 사진을 찍을 때 가끔 눈이 붉게 나오는 것은 망막의 바깥쪽을 싸고 있는 맥락막의 혈관이 풍부해 색이 붉기 때문이다.

♣ 황반부 (Macula)
망막 중에서 빛이 들어와서 초점을 맺는 부위. 이 부분은 망막이 얇고 색을 감지하는 세포인 추제가 많이 모여 있다. 황반부의 시세포는 신경섬유와 연결되어 시신경을 통해 뇌로 영상 신호가 전달된다.

♣ 눈과 카메라
눈의 기능은 카메라와 매우 유사하다. 상(image)이 카메라의 필름에 초점이 맞추어지듯이 빛은 각막과 수정체를 통과해서 망막에 초점을 맞추게 된다.

◆ 시력에 장해가 있는 경우들을 살펴보자.

♣ 盲人(맹인) : 앞을 전혀 볼 수가 없는 경우.
♣ 晴盲(청맹) : 눈을 뜨고도 앞을 못 보는 경우.
　　　　　　　언뜻 보아서는 구별을 하기가 힘들다.
♣ 夜盲(야맹) : 밤에 시야의 구별이 어려운 경우.
　　　　　　　보통 밤눈이 어둡다고 한다.
♣ 色盲(색맹) : 색의 구별이 제대로 이루어지지가 않는다.
♣ 色弱(색약) : 어느 정도 색을 구별을 하나 일부 색은 구별을 못하는
　　　　　　　경우. 녹색과 적색을 못 보는 경우가 제일 많다.
♣ 斜視(사시) : 촛점이 한가운데로 모이지가 않는 경우인데 흔히들
　　　　　　　말하기를 사팔뜨기라는 표현을 많이 한다.
♣ 陰陽眼(음양안) : 양 눈의 균형이 이루어지지가 않아 한 쪽 눈은 크
　　　　　　　고, 한쪽 눈은 작은 경우를 설명한다.
♣ 三白眼(삼백안) : 눈의 흰자위가 세군데서 보이는 것이다.
♣ 四白眼(사백안) : 눈의 흰 자위가 사방(동서남북)으로 다 보이는 경
　　　　　　　우를 설명한다. 대게 이럴 경우는 50을 넘기기가
　　　　　　　힘들다. 사기꾼, 강간범 등 흉악범죄자가 많다.
　　　　　　　동서남북 보기 바쁘니까.

♣ 老眼(노안): 인체의 모든 기능은 나이가 들수록 쇠퇴하기 마련인데 시력또한 마찬가지다. 사람이 늙어감에 따라 보는 능력도 감퇴하는 것. 잘 안 보인다. 망막에 물체가 뚜렷하게 영상이 맺히지 않는 것이다.

가까운 물체를 주시하기 위해서는 조절이 필요하다. 여기서 조절이란, 주시하고자 하는 물체의 거리에 따라 수정체의 만곡도를 변화시키는 것으로서 가까운 곳의 물체를 잘 보기 위해서는 수정체(水晶體)의 만곡도를 먼 곳의 물체를 주시할 때 보다 증가시킬 필요가 있는데 이를 위해서는 수정체의 탄력성이 필요하게 된다.

연령이 많아질수록 이런 수정체의 탄력성이 감소하므로 이런 수정체의 변형이 어려워져서 근거리(약 25-30cm)에서의 작업이 장애된 상태를 노안(老眼)이라 한다

♣ 정상적인 눈

우리가 물체를 선명히 보기 위해서는 눈에 들어오는 빛을 각막과 수정체 렌즈가 적절히 굴절시켜 망막에 초점을 맺어야 하는데, 이때 각막의 형태, 수정체의 굴절력, 그리고 안구의 길이, 이 3 요소가 중요한 역할을 하게 된다.

☞ 이렇게 눈에 들어오는 빛이, 선천적 혹은 환경적 요소에 의해 망막에 초점을 제대로 맺지 못하면 상이 흐려지게 되는데, 이런 것을 굴절이상(근시, 원시, 난시)이라하며, 안경이나 콘택트렌즈 그리고 시력교정 수술 등으로 이런 굴절이상을 교정해서 망막에 상을 더 가까이 맺게 하여 물체를 선명히 보도록 할 수 있다.

♣ 근시(近視)란?

안구(眼球)의 앞, 뒤 길이가 정상보다 길거나, 각막이나 수정체의 굴절력이 강해 상이 망막(網膜)보다 앞에 맺어지는 굴절이상.
◉ 가까운 곳은 잘 보이고 먼 곳은 잘 안보이게 된다.
   굴절이상의 약 50-70%를 차지한다.
☞ 근시(近視)는 그 정도에 따라 세단계로 구별되는데,

◉ 2디옵터 이하는 경도근시,

◉ 2~6디옵터 사이는 중등도근시,

◉ 6디옵터 이상은 고도근시

☞ 결론적으로 근시의 진행은 자연적인 현상이므로 안경을 되도록 사용하면 오히려 정확한 교정시력을 잃는 경우가 있어 나중에 성인이 된 후 아무리 교정을 해도 정상시력이 나오지 않는 약시 등의 심각한 결과를 초래할 수 있는 것이다.

♣ 원시(遠視)란?

☞ 안구의 전후 길이가 정상보다 짧거나, 각막이나 수정체의 굴절력이 약해서 상이 망막보다 뒤에 맺게 되어, 먼 곳은 잘 보이나 가까운 곳이 잘 안 보이는 것을 말한다.

♣ 난시(亂視)란?

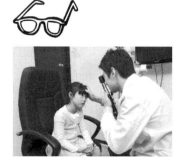

☞ 정상 각막(角膜)은 그 모양이 농구공처럼 둥근 모양인데 난시가 있으면 각막이 마치 럭비공처럼 되어, 서로 다른 각막의 굴절력으로 초점이 한 곳에 일치하지 못해 상이 흐려지게 되며, 이때는 근거리 원거리 모두에서 상이 흐려지게 된다.

난시는 보통 근시나 원시가 동반되는 경우가 많다.

───────────────────────────

辛 乙 甲 乙   ☞ 맹인(盲人)의 사주이다.

巳 丑 申 亥   부분 맹인으로 밝을 때는 조금 본다.

◆ 일지(日支)와 시지(時支)가 사축(巳丑) 금국(金局)으로 합(合)이 이루어지지만 100%는 안 간다. 금(金),수(水) 음(陰)이 많고, 목(木),화(火) 양(陽)이 적다.

◉ 사화(巳火)가 용신(用神)으로 상관(傷官)–격(格)이다.

◉ 일지(日支)에 재(財)를 놓고 있어 금전(金錢)과, 여자(女子)를 밝힌다.

◉ 목(木), 화(火) 일주가 신약(身弱)하고 사해충(巳亥沖)에 사신(巳申)–형(刑)으로 앞을 못 본다.

辛　丙　乙　丁　　　　맹인(盲人)의 사주이다.

卯　辰　巳　巳　　☞ 역학계에 큰 족적을 남기신 분이시다.

▶ 사월(巳月)의 병화(丙火)일간 사주다.

병신(丙申)–합(合)을 이루었는데,
수(水)가 되어 다시 나에게 극(尅)을 하므로
한 방 얻어맞았다. 回頭尅(회두극)이다.

☞ 화(火)일주 ➡ 영감(靈感)이 무척 발달하신 분이다.

☞ 신강(身强)하므로 내가 할 말은 다한다.

☞ 똑같은 사주 상담을 하더라도 화(火)일주는 앞을 내다보는 간격이 훨씬 길다. 남이 2-3년을 본다면, 화(火)일주의 사주가 신강하니 20-30년은 내다본다.

◈ 신금(辛金)이 부인이다. 신금(辛金)일간이니 외모가 참으로 예쁘다.
　일(日)과 시(時)를 보니 천간(天干), 지지(地支)로 합(合)이다.

☞ 천간(天干)으로는 합(合)인데, 합(合)하여 수(水)가 되면서 다시 나를 극(尅)하는 상황이 되니 자꾸 속을 썩인다. 지지(地支)로도 합(合)이 이루어지니, 반복되어도 결국 또 어우러지는 것이다.

♣ 병화(丙火) 일간을 기준하여 주변의 상황을 보면, 지지(地支)에는 관고(官庫)인 계수(癸水)를 깔고 있고, 년(年)과 월(月)의 지지(地支)에서 경금(庚金)이 일간(日干)인 병화(丙火)와 ➡ 충(沖)을 이루고 있고 정작 일간(日干)인 병

화(丙火)는 시간(時干)의 신금(辛金)과 ➡ 합거(合居)되어 수(水)로 화(化)하니, 병화(丙火)인 ➡ 빛 광명(光明)을 잃은 것이다.

♣ 월간(月干)의 을목(乙木) 또한 지지(地支)의 경금(庚金)과 합(合)이 되어 금(金)을 형성하니 신경(神經)이 굳어버리는 것이라 앞을 못 보는 운명이 된 것이다. 사주가 신강(身强) 해도 시력(視力) 면을 따로 보면 신-태약을 넘어 사라진 경우가 나오는 것이다.

戊	丙	辛	辛
戊	子	卯	丑

시력이 약해서 안경을 쓰고 있는 사주.

☞ 득령(得領)은 하였으나 습목(濕木)이다.

⬆ 牛山之木(우산지목)에 자묘(子卯)-형(刑)으로 화기(火氣)가 부족하여 시력(視力)이 나쁘다. 자묘(子卯)-형(刑)이 있으므로 수술을 받아본다.

◈ 병화(丙火) 일간(日干)이 지지(地支)에 형살(刑殺)을 놓고 있으므로 항상 눈에는 날카로운 기운이 감돌고, 무엇인가 항상 불만 섞인 눈초리다.
◈ 매사를 보아도 긍정적인 것보다는 부정적인 면이 강하다.
◈ 병화(丙火)가 약(弱)하니 심장(心臟) 또한 약하다. 화(火)가 약하니 토(土)를 생하여주지 못하니 소화능력 또한 약하고, 일지(日支)와 년지(年支)가 합(合)을 하여 수국(水局)을 형성하니 자축(子丑)-합(合)- 수(水)라 물기운이 항상 존재하고, 묘(卯)가 있는데 습목(濕木)이라,

◈ 습기(濕氣)가 항상 존재하고, 목(木)은 풍(風)이라 바람이니, 습(濕)한 기운과 바람의 기운이 항상 왔다 갔다 하는구나.
♣ 천간(天干)-합(合)에 지지(地支)-형(刑)으로 무분별한 이성관계로 성병(性病)도 경험을 하여 본다. 곤랑도화이니 안 보면 보고 싶고, 보면 항상 다투고, 시작은 좋은데 항상 결과가 시원치가 않다.

☞ 합(合)을 이루어도 양쪽에서 서로 다투는 형상이니, 선을 보아도 꼭 쌍립(雙立)이 이루어져 한 곳도 건지기가 힘들어진다.

◆ 년(年), 월(月)에 있으므로 연상(年上)이거나 생각하는 것이 항상 나보다 앞서니 동생 취급을 받는다. 여기에서 한 번 짚고 넘어가야 할 것이 있다.

◉ 시지(時支)의 술(戌)을 분석하여보자.

술(戌)-토(土)는 고장(庫藏)인데 화(火)의 고장(庫藏)이다.

화(火)➔시력(視力)인데 고(庫)이므로 옛 것이요,

묵은 것이요, 구병이니 노안(老眼)으로 해석이 나온다.

♣ 나빠지던 시력도 운이 좋으면 건강이 강화되어 그 진도가 늦어져 도움이 된다. (좋아지지는 않는 것이 당연한 것이고.)

모든 병도 다 마찬가지이다. 운이 좋을 경우 ➔ 용신(用神)운에는 병의 회복(回復)도 빨라지고, 만사형통(亨通)이 되는 것이다.

☞ 시력(視力)이 약(弱)하거나, 화(火)가 용신이라 ➔ 화(火)가 필요한 사람은 어떻게 하는 것이 좋을까?

♣ 쌍꺼풀 수술이 좋다. 눈을 더욱 크게 하고, 빛나게 하므로

☞ 화(火)인 시력(視力)의 보완(補完)이 필요하므로 안경을 쓴다.

요즈음은 의학의 발달로 여러 가지 방법을 사용한다.

☞ 라식, 라섹, 엑시머 등 전문적으로 하는 곳을 찾아 상담을 하는 것도 유리한 방법. 투시력, 초능력이 잠재 ➔ 감추어진 재질을 개발하라.

◉ 매사를 근시안적으로 보지 말고 멀리 내다보라. 미래지향적 사고방식.

☯ 실전사주의 예 ☯ ➔ 병(丙)화 시력을

丁	乙	丙	己
亥	酉	子	丑

자축(子丑), 해자(亥子)가 끼고 있다.

☞ 시력에 이상이 있는데 난시(亂視)이다.

⬆ 여성−사주인데 아들이 많을까? 딸이 많을까?

☞ 체질적으로 음(陰)이 당권하니 자연 딸이 많구나.

◉ 을목(乙木) 일간(日干)에게 어머니는 누구일까?
월지(月支)의 자(子)가 ➜ 생모(生母)인데 편인(偏印)이다.
아버지를 한 번 살펴보자.

♣ 아버지는 내가 극(剋)하는 오행(五行)이므로,➜ 자연 토(土)가 되는데 지지
(地支)를 살펴보면 해(亥),자(子),축(丑)하여 축(丑)➜ 토(土)의 입장에서 보
면 둘 다 재(財)인데 둘 다 합(合)으로 성립되어 있다.
◉ 결국은 두 집 살림인데, 해수(亥水)는 자연 나이가 어린 아내이다.

◉ 을목(乙木)의 입장에서는 어디가 더 좋을까?
　을목(乙木)은 시지(時支)의 해수(亥水)를 더 좋아한다. 왜 일까?
☞ 해수(亥水)는 지장간이 무(戊), 갑(甲), 임(壬)이다.
금전(金錢)도 있고, 따듯한 친구도 되어주고,
본인에게 여러모로 도움이 되어준다.

☞ 반면에 편인(偏印)인 자수(子水)를 보자. 오
나가나 공부하라고 닦달이지, 엄마의 권위만 내
세운다. 금전(金錢)도 항상 여유(餘裕)가 없고,
인수(印綬)만 있으니 가방끈도 짧다.

친구 같은 엄마

◉ 다자무자(多子無子)의 원리다.
　결국 성장하면서 해수(亥水)인 작은엄마 쪽으로 가는 것이다.
♣ 자(子)➜월의 을목(乙木)으로 음지(陰地)의 나무요, 습목(濕木)이다.
◉ 해시(亥時)라 인수가 야간이니 배움도, 가르침도 야간에 편중한다.

☞ 결혼(結婚)은 어떻게 했겠는가?

☞ 년지(年支)에 관고(官庫)를 깔고 있다.
   을신(乙辛)충이 되어 첫사랑은 실패로 끝나
고, 일지의 경금(庚金)과 합(合)이 되니 재취
요,실패한 후 이루어지는 사랑이다.

☞ 첫사랑은 병신(丙申)➜합(合)으로 수(水)가
되어 없어지니 아득한 옛 기억 으로만 남는다.

◈ **눈, 코, 입, 귀에 좋은 식물**

물푸레나무, 작두콩, 약모밀, 산 버드나무, 석이버섯,
백봉령, 하수오, 참마, 꾸지뽕나무,
어성 초, 도꼬마리, 매 발톱 나무

4. 시력(視力)장애(障礙)

왜 흉한 것은 보지 말라하시던가 ────────────────

5.耳鼻咽喉科 (이비인후과) 疾患

♣ 이비인후과 질환의 종류

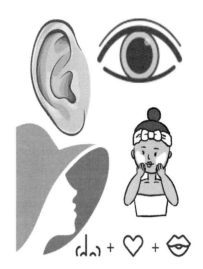

구강건조증   구강칸디다증   난청
돌발성 난청   메니에르병   부비동염
비염   삼킴(연하) 곤란   설암
설염   성대마비   이명
입냄새   중이염   중이염

♣ 이, 비, 인후과는 귀, 코, 인후(편도선)을 말한다.
  각각의 오행을 비교하여보자.

♣ 이(耳)----귀-------------水
♣ 비(鼻)----코------------金
♣ 인후(咽喉)--편도선--------木

◉ 금(金), 수(水), 목(木)의 상관관계(相關關係)를 살펴보아야 한다.
  일단 강(强)한지, 그리고 약(弱)한지의 구별이 우선되어야 한다.
  지나치게 약(弱)하면 당연히 병(病)이 있는 것이고,
  지나치게 강(强)하여도 그 또한 병(病)이 되는 것이다.

모든 기능은 다 자기의 역할이 있다. ──────────────

☯ 오월(午月)의 경금(庚金) 일간(日干)이다.☯ ▬▬▬▬▬▬▬

○ 庚 ○ ○   화(火)가 많으면 염(炎)이되는 것인데,

○ 午 午 ○   ☞ 금(金)을 코로 보면 축농증(蓄膿症)이요

⬆ 피부(皮膚)로 보면 피부염으로 이어지는데,
대장(大腸)으로 본다면 대장염, 또는 대장암으로도 이어지는 것이다.
☞ 여기에서는 주로 코를 위주로 하여 살펴보기로 하자.
축농증(蓄膿症)이요, 비염(鼻炎)이 된다는 설명이다.

⏩ **축농증(蓄膿症)이란 무엇인가?**

☞ 감기에서 시작이 되는데, 보통
코감기라고하는데 이것은 엄밀히
말해서 급성비염(鼻炎)이다.

◉ 즉 바이러스나 세균에 의해 코 점막에
염증을 일으키고 계속해서 이 염증이
부비동의 점막까지 파급되면서 점막의 부종(浮腫)을 일으키기 때문에 개구부
(開口剖)가 폐쇄되고 염증성 산물인 농(膿)이 고여 발생되는 것이다.

☞ 그 증상을 보게 되면
권태감, 두통, 미열 등을 호소하며 점차 코 막힘, 콧물, 코 가래가 증가하기
 시작하면서 눈 밑 부위에 통증, 또는 압통(壓 痛)을 느끼게 된다.
☞ 금(金)에➡ 형(刑), 충(沖)이 임하면 코와 연관된 후각계통이나, 염증 등이
생기고, 수술의 상황도 발생을 한다.
    어쩌다 다쳐도 다른 곳은 멀쩡한데 꼭 코 부위를 많이 다친다.
♣. 알레르기성 비염(鼻炎)이란?
☞ 꽃가루나 집 먼지, 동물의 털, 곰팡이 균, 담배, 음식물 등 우리 주위에서
흔히 접하는 물질에 대해 비정상적으로 과민한 반응이 코에 주로 나타나는 질

환을 말한다.

☞ 이런 알레르기성 비염이 있는 환자들은 과민한 체질을 갖고 있기 때문에 그 증세가 결막염 형태로 눈에 나타나거나 천식 형태로 기관지 등에 나타날 수 있고, 가족이나 친척 중에도 이런 증세를 갖고 있는 경우를 보게 된다.

♣ 코

코는 인체의 척추에 해당 코가 똑바르지 못하면 척추의 상태가 좋지 않다는 것이다. **코가 길면 대장도 길기 때문에 소화가 잘 안 되고 설사가 잦다.**

♣ 귀

귀는 오행으로 수(水)에 해당하고, 남녀불문하고 스테미너에 관한 사항으로 이어진다. 대체적으로 귀가 큰 사람이 오래 사는 것도 이러한 연유에 의한 것이다. 초년(初年)에 해당하며 그에 대한 운(運)을 본다.

♣ 귀의 색깔은 맑고 윤택해야 좋다.

귀가 유난히 붉고 검은 색을 띠면 신장이 좋지 못하다는 증거. 귀는 신장(腎臟)과 연관되어 귀가 색이 안 좋고 크면 신장 기능이 좋지 않다는 신호이다.

◉ 귀로 알아보는 건강 진단법

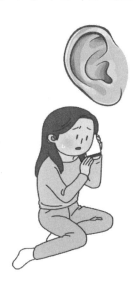

♣ 귀가 크고 힘이 없는 경우.

☞ 귀의 크기는 신장(腎臟)의 기능과 직결된다. 귀가 크면서 단단하지 못한 사람은 신장의 기운이 약해지기 쉬우며, 허리통증을 호소하는 경우가 많다.

♣ 귀가 위로 올라붙은 경우.

☞ 귀가 너무 올라붙으면 신장(腎臟)도 제 위치보다 높이 붙어 있는 것이므로 등과 척추가 아파서 구부렸다 폈다 하는 동작을 잘 못한다.

♣ 귀가 내려붙은 경우.

☞ 신장도 아래로 내려와서 허리와 궁둥이가 아프고, 거동이 불편하다.

☞ 사주에서 수(水)가 약하고, 형(刑), 충(沖)이 임하면 이명증(耳鳴症)을 의심하여 보아야 한다. 이명증은 허기(虛氣)에 의하여 오는 것이므로, 기운이 약(弱)한 사람일 경우는 그 증세가 더욱 심하게 나타난다.

귀가 운다고들 하는 표현(表現)을 많이 하는데, 바로 이명증(耳鳴症)을 말하는 것이다.

♣ 갓난아기가 문을 쾅 닫는 소리 등의 큰 소리에도 놀라지 않거나 눈을 크게 뜨면서 울지 않는다면 일단 청력이상을 의심해봐야 할 것 이다.

난청(難聽)의 발견 및 진단(診斷)은 빠를수록 좋으며 생후 육 개월 이내의 조기(早期)에 이루어 져야한다.

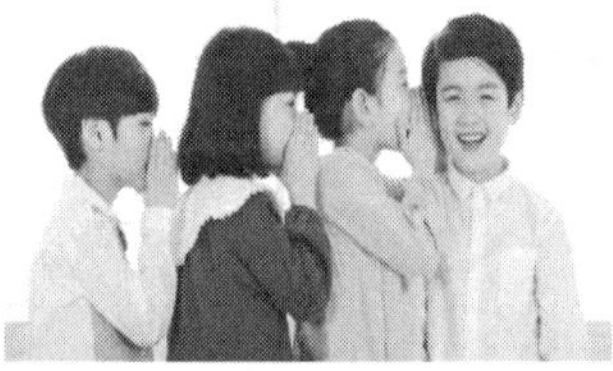

기능의 정상적인 작용이 중요한 것이다.

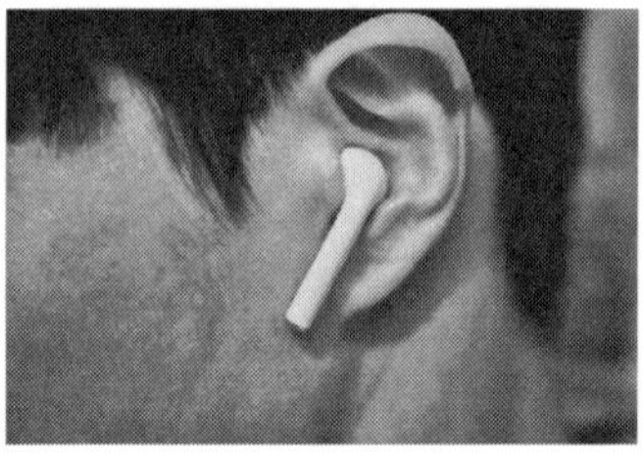

◘ 난청(難聽)과 이명(耳鳴)의 기초지식

☞ 천(天), 지(地), 인(人)−삼재(三才)라 귀도 상, 중, 하 하여 외이, 중이, 내이로 이루어져 있고 (바깥쪽, 중간 쪽, 안 쪽 으로 하여 생각을 하라.)

☞ 외이(外耳)는 귓바퀴에서 고막까지를, 중이는 고막에서 달팽이관 입구까지를, 그리고 내이는 달팽이관이 들어 있는 곳을 말한다.

세 부분 중 어느 한곳이라도 병변이 발생하면 소리를 잘 들을 수 없는 난청(難聽)이 발생하게 된다.

외이와 중이(重耳)질환에 의한 난청은 그 질환이 나으면 난청도 회복되나, 내이(內耳) 질환에 의한 난청은 내이 질환이 치유되더라도 회복되지 않는 예가 많다.

♣ 만성중이염

☞ 물놀이 후 귀에서 고름이 나오는 경우는 대부분 만성중이염 환자들이고 여

름철에 악화되기 쉬운 귀 질환 중 하나가 만성중이염이다.

☞ 만성중이염은 고막이 뚫어져 있고, 귀에서 농성분비물이 나오며 청력이 떨어지는 질환이다. 사주(四柱)가 습(濕)한 기운이 많은 사람은 귀속이 늘 축축하고, 깨끗하지가 못하여 귀의 청결에 신경을 써야한다.

◉ 그것이 사소한 것 같아도 병의 발단이 될 수도 있는 것이다.

◈ 잠버릇에 의한 관계를 생각해보라.

좌, 우 어느 쪽으로 누워 자는가?

천장을 향하고 자는가?

→ 벼개와의 관계는?

한 쪽으로 치우치면 귀가 벼게에 묻히게 된다.

귀가 자연 습(濕)해진다.

→ 이것을 사주(四柱)에서는

어떻게 판단을 하는가?

→ 천간, 지지의 음양 분포는 어떤가?

→ 최소한 지장간 까지는 판단을 하라.

☯ **묘월(卯月), 무토(戊土) 일간의 사주** ☯

甲 戊 癸 丁
子 申 卯 亥 　☞ 수(水)와 목(木)이 왕(旺)한 사주이다.

⬆ 수(水)와 목(木)이 당권하여
무토(戊土)일간이 한없이 나약한 경우다.

☞ 사주가 일단 신약하니,
 기본적인 체력이 부족하다.

☞ 갖고 있는 기본적인 에너지는 많은데,
 그것을 사용을 못하니 안타까운 경우이다.

◆ 년(年)과 월(月)을 살펴보자. 천간(天干)으로는 정계(丁癸)➡충(沖)이요, ●

지지(地支)로는 해묘(亥卯)➜합(合)이다.

●해묘(亥卯)➜습목(濕木)이다. 정계(丁癸)➜충(沖)인데 정화(丁火)가 불길이 그만 꺼지고 만다. 일간(日干)-무토(戊土)를 도우려하여도 인수(印綬)인➜ 화(丁火)가 자기의 자리를 지키기도 힘에 버겁다.

☞ 수(水), 목(木)이 왕(旺) 하다 보니 신경을 쓰면 濕木(습목)이라 편도선이 붓고, 이명증의 증세가 보이기도 한다.

●습(濕)한 기운이 많으니 귓속 또한 청결하지가 못하다.➜ 잘 때 똑바로 천장을 향해 편안히 누워 자야한다.

♣ 토(土)는 중추적인 역할을 하는 허리인데, 허리가 약하고, 내과계통도 시원치가 않다. 신약(身弱)하다 보니 잔병치례를 많이 한다.

☞ 일(日)과 월(月)의 천간(天干)으로는 무계(戊癸)➜ 합(合)이고, 지지(地支)로는 일(日)과 월(月)이 묘신(卯申)으로➜ 원진, 귀문관살이다.

☞ 좋아서 어쩔 줄은 모르는데 안보면 보고 싶고, 보고나면 지겨워서 항상 사랑싸움에 서로가 피곤하다.

♣ 평상시 얼굴의 안색은 항상
그늘이 져있고, 습(濕)한 기운이
강하니 어둡고 밝지가 못하다.
☞ 모르는 사람이 보며 혹시 뭐 기분이 안
하고 근심스런 표정으로 쳐다볼 정도다.

♣ 토(土)가 약하므로 비위가 약하고,
소화능력도 부실하다. 그러다보니 자연 몸은 쇠약하여지고 매사 의욕도 없어진다. 화(火)가 적고 목(木)이 많으니 목(木)인 간댕이는 큰데, 심장이 적으니 그것 또한 문제다.

♣ 일을 펼치기는 손이 커서, 통이 큰 스타일로 벌려는 놓았는데, 화(火)가 적으니 심장이 팔짝팔짝 뛰는 통에 안절부절 못 한다. 걱정을 안고 사는 팔자이다.

♣ 인수(印綬) ➡ 정화(丁火)가 죽어 있으니
일찌감치 어머니와의 연은 희박한 것이다.
어려서부터 아버지의 눈치 보기가 바쁘다.
◈ 아버지 공포증 환자다.

재(財)가 강하므로 (대화가 이루어지지지
않는다.) 일을 하여도 무엇을 먼저 할지도
순서가 없는 사람이다.

☞ 어머니가 아무리 잘 해주어도 그것이
모정(母情)인지, 무엇인지 가슴에 와 닿지
않는 사람이다. 자라면서 얼굴 보기도 힘든
사주이다. (환경이 어렵다)

☞ 년(年), 월(月)과 일(日), 시(時)가 각각 합(合)을 이루어 분파된 사주다.
  결국은 한 지붕 두 가족이요, 두 집 살림이다.

☻ 사(巳)월 경금(庚金) 일간 ☻

庚　庚　己　己

辰　申　巳　亥　　☞ 사해(巳亥)➡충(沖)으로 해수(亥水)가 피곤.

⬆ 사해(巳亥)➡충(沖), 사신(巳申)➡ 형(刑) 코 수술을 받아 보았다.
사주가 금(金), 수(水)가 많아, 신강(身强)사주이므로 용신(用神)은 목(木), 화
(火)가 된다.

☞ 신강(身强)한 사주는 항상 자극(刺戟)이 필요하다.
  잔소리와 충고 그리고 사랑의 매가 항상 옆에 있어야 하다.

➡ 관(官)이 필요한 사주라 직장(職場)생활을 해야 한다.
형살(刑殺)을 갖추었으니 기술직(技術職)도 좋고, 군(軍), 경(警), 법(法),
독립(獨立)직도 괜찮다.

♣ 금수(金水)가 냉(冷)하므로 일단은 혼탁(混濁)한 사주로 봄이 옳을 것이다.
시상의 경금(庚金)은 비견(比肩)이라 열심히 벌어도 항상 나가는 곳은 이미 자

리 잡고 입을 크게 벌리고 있다.

➜   결국 버는 사람 따로 있고, 쓰는 사람
 따로 있는 사주다.

➜ 사주에 냉기(冷氣)가 많으니
항상 몸이 차갑다.

● 사월이라 여름에 출생하여 겉으론
따뜻하여 보이나 속은 항상 차다.

● 소음인 이라고 볼 수 있겠다.
체질도 변하는 수가 있다.

● 사고(事故)라던가 수술(手術) 등으로 인해 신체에 변화가 오면 체질이 바뀌
는 것이다.

◈ 가능하다면 잘 때도 양말을 신고자고, 여름이라도 배는 항상 따뜻하게 하여
주는 것이 좋다.

♣ 위의 사주에서 가장 필요(必要)한 기운(氣運)은?
목(木), 화(火)가 필요하다 하였으니 우선 양쪽을 어우르면서 충족할 수 있는
글자를 찾아보자.

◈ 사주 상에 사해(巳亥)➜충(沖)이 되어있으므로 충(沖)을 풀어주면서 요구사
항을 충족시키는 미(未)가 어울린다.

◈ 해미(亥未), 사미(巳未)➜합(合)으로 하여 충(沖)을 풀어주고 목(木), 화
(火)의 양 조건을 충족, 거기에 사신(巳申)➜형(刑)도 그 작용이 없어지니 말
이다.

◈ 눈, 코, 입, 귀에 좋은 식물

물푸레나무, 작두콩, 약모밀, 산버드나무,
석이버섯, 백봉령, 하수오, 참마,
꾸지뽕나무, 어성초, 도꼬마리,
매 발톱 나무

6. 치과질환(齒科疾患)

제일 중앙에 큰 앞니 ─중절치
그 옆에 앞니─측절치
송곳니─견치
그 다음 부터 어금니인데요...
첫 번째 어금니─제1소구치
두 번째 어금니─제2소구치
세 번째 어금니─제1대구치
네 번째 어금니─제2대구치

♣ 치주(齒周) 질환이란?

치주 질환은 한자 풀이로 짐작할 수 있듯 치아를 둘러싸고 있는 주변 조직에 발생하는 염증성 질환을 통칭한다.

♣ 치주 질환은 크게 치은염과 치주염으로 구분할 수 있는데, 염증 반응이 치은 조직에만 국한됐을 때는 치은염으로 진단하고, 치은염을 방치해 치주 인대와 치조골이 파괴되면 치주염으로 진단한다.

♣ 치조골이 많이 파괴되면 치아가 흔들려 빠지게 되는데, 흔히 '풍치'라고 불리는 질환이 바로 치주염이라고 하겠다.

♣ 치주 질환은 성인 4명 중 3명 이상이 걸려 있을 정도로 유병률이 높고, 35세 이상 성인에 있어 치아 상실의 가장 큰 원인이 되는 질환이다.

☞ 그러나 만성적으로 시작되어 별 통증 없이 진행하는 특징으로 인해 자각 증상을 나타낼 정도가 돼 치과에 내원하면 이미 치료시기를 놓친 경우가 대부분으로 뾰족한 치료 한번 못 받고 치아를 뽑게 되는 과정이 반복되는 것이 현실이라고 하겠다.

묵묵히 자기 일에 충실하라. ─────────────

◇ 상법(相法)으로 보는 치아(齒牙)의 판별법.

◆ 치아는 모든 뼈 중에서 精(정)이 모인 곳으로 유일하게 겉으로 그 모양을 드러내며 그 사람의 모든 것을 나타내는 것이다. 그래서 신금(辛金)으로 보며 외모(外貌),와 자태(姿態)를, 그 사람의 감추어진 모든 것을 숨김없이 겉으로 나타내 보이는 것이다.

☞ 그렇기 때문에 치아만 보아도 그 사람의 됨됨이 성격, 장래성, 건강상태 등을 금방 알 수가 있는 것이다.

♣ 치아(齒牙)는 그 사람의 기(氣)와 혈(血)이 나타나므로, 기혈(氣血)이 강한 사람은 기운이 왕성하여 이가 튼튼하고, 기혈이 약한 사람은 이가 색이 항상 누렇고, 광택이 없으며, 쉬 아프거나, 흔들리고, 잇몸에 염증이 자주 발생하고 기타 치주질환에 시달리게 되는 것이다.

♣ 치아(齒牙)의 상(相)으로 보는 건강(健康)상태

◉ 이가 튼튼하고, 곧고, 길며, 개수가 많은 사람.(건강)
◉ 이가 단단하고 틈이 없이 고른 사람.(건강)
◉ 이가 치열이 고르지 못하고 어긋 어긋난 사람.(부실)
◉ 짧거나 부서진 듯 성글게 난 사람.(부실)
◉ 이에 광택이 없고, 청결하지 못한 사람.(부실)

◆ 죽음에 관한 예시로 보는 경우.(한가지의 예)
◉ 성한 이가 갑자기 특별한 이유도 없이 빠지는 사람.

◆ 잇몸이 유난히 많이 보이는 사람의 팔자는 어떨까?
   대체적으로 팔자가 순탄치 못한 경우가 많다.
♣ 사주에서 금(金)이 허약하고 형(刑), 충(沖) 된 자.
♣ 급각(急刻)살이나 단교관살을 놓은 자.
   인체의 부위에서 치아와 연관된 부분을 보는 것이다.
   금(金)과 연관을 지어 추명하면 될 것이다.

☻ 실전사주의 예 ☻

◯	◯	◯	◯
巳	亥	申	寅

지지에 인신사해(寅申巳亥)를 갖추고 있다.

☞ 역마, 지살이➡ 형충(刑沖)이 되었다.

⬆ 역마(驛馬)와 지살(地殺)은 나도는 곳이요, 길이요, 가는 길이다.

☞ 형충(刑沖)을 맞았으니 도로 곳곳이 파이고, 난리다. 세상사는 것도 이리 저리 갈팡질팡 이다. 천방지축(天方地軸)으로 날뛰고 바쁘다.

♣ 사생활이 문란할까 그것이 제일 걱정스러운 것이다.
스스로가 자중을 하여 자신을 다스린다면
귀격(貴格)의 사주가 틀림이 없으나 그리 흔하지
않은 것이 순리다.

♣ 치과에 관련된 사항 이므로, 그에 관한 사항을
보자. 치아의 기준은 일단 치열을 보는 것이다.
이런 사주의 소유자는 치열이 고르지 못하다.
지그재그가 어울린 표현 일 것이다.
치열을 고정시켜 주어야 한다.

◳ 치과에 연관된 오행은 금(金)인데 치아에
 해당이 되는 것은 신금(辛金)을 본다.
금(金)은 금생수(金生水)로 수(水)인 기본체력 스테미너를 의미하므로 체력의 근본이라고 할 수 있다. 기력이 쇠(衰)하여 체력이 떨어지면 자연 원기를 보충하여 주어야 하므로, 금(金)이 계속 뒷받침을 하여 주어야한다. 그러면 자연 금(金)의 기운은 쇠(衰)하여 지기 마련인데, 금(金)인 치아가 부실해 질 수밖에 없다.

♣ 결론적으로 체력(體力)이 부실(不實)하고, 기력이 쇠한 사람은 자연 치아가 부실하다. 라고 보아도 무방하다.
치아가 부실하면 음식을 섭취하여 소화시키는 소화 작용도 부실하여지고, 그 결과 온 몸에 이상 오는 것은 당연한 결과다. 금(金)이 부실하면 토(土)가 토생금(土生金) 하여 도와주다보니 토(土) 자체도 기력(氣力)이 쇠(衰)하여진다는 이론이 맞는 것이다.

묵묵히 자기 일에 충실하라. ─────────────────

☻ 실전사주의 예 ☻ ▬▬▬▬▬▬▬▬▬▬▬▬▬▬▬▬▬▬▬

壬 辛 ○ ○   시간에 상관인 임수(壬水)가 있다.

辰 ○ ○ ○   ☞ 시지의 辰土를 잘 관찰하여보자.

⬆ 진(辰)은 토(土)이고, 신금(辛金)일주에 대하여 인수(印綬)에 해당.
진(辰)은 천간에 있는 임수(壬水)의 수(水)의 고장(庫藏)이기도 하다.
임수(壬水)는 힘을 못쓰고 지지(地支)의 진토(辰土)는 천간(天干)의 임수(壬
水)를 토극수(土克水)하여 잡아먹는 형상이 된다.
♣ 진(辰)토는 토생금(土生金)하여 일간을 도와주고, 토극수(土克水)하여 임
(壬)수를 극(剋)하니 임수는 맥을 못 춘다.

● 일간인 신(辛)금의 입장에서는 참으로 고마운 것이다.
● 상관이라 하여 천방지축으로 날뛰면 곤란한 것이다.
● 상관이란 원래 그런 기질을 갖고 있으므로
  항상 조절이 되어야 하는 것인데
  진(辰)토가 잘 다스려주니 고맙다는 것이다.
♣ 그렇다면 상관은 아무것도 하지 못 한다는 것인가?
결코 그렇지는 않은 것이다. 일주인 신금이 생하여 주는
것이다. 내가 생(生)하여 주니, 내가 어느 정도는 다스릴 수가 있다. 즉 나의
영향권에서 상관(傷官)을 조절하는 것이다.
♣ 중요한 것은 이렇게 되므로 인해 사주가 균형(均衡)을 이룬다는 것이다.
신금(辛金)은 치과와 연관이 있는데, 나의 재능으로 그것을 활용하니 의사라면
치과의사가 된다.
♣ 사주에서 금(金)이 약하면 치근(齒根)이 엷다.
약(弱)하다는 설명이다. 반대로 금이 많으면 치근(齒根)은 깊어 튼튼한 것이다.
금일주(金日柱)가 신경을 많이 쓰고 피곤하면 어떤 현상이 나타날까?
이가 들뜨고, 잇몸이 붓고, 이가 쑤신다.(건강하지 않을 경우).
건강에 아무런 이상이 없다 하여도, 먼저 치아 쪽에서 그 증상이 나타난다.

☯ 실전사주의 예 ☯

丁　丁　乙　辛　　월(月)에 백호살(白虎殺)을 갖추고 있다.

未　巳　未　未　　☞ 하(夏), 묘미(卯未) 하여 급각살도 있다.

⬆ 염상(炎上)격의 사주이다.

년간(年干)의 신금이 많은 화(火)의 기운에 억눌려 꼼짝 못하고 있는 형국.

☞ 너무 강하다 보니 신(辛)금이 녹아버린다.

☞ 치아가 부실하고, 치근이 약하여
　의치로 활용을 하여야 한다.

일주인 정화(丁火)가 시간에 또 있으니

나와 같은 사람이 사주에 또 있는 지라,

배는 한 척인데 선장은 둘이라는 이야기다.

♣ 지나친 탁상공론(卓上空論)으로 좋은 기회가

무산 되고, 소중한 비밀은 간직하기 힘들고,

벌어도 나누어야 하니 남보다

배 이상의 노력이 필요하다.

☞ 버는 것보다 쓰는 것을 조심. 잘못하면 죽 쒀서 개주는 형상이 된다.

♣ 사주에 꽃이 지나치게 많이 피어있다.

끝에 가서는 결실(結實)인 열매를 맺고, 수확(收穫)을 얻어야 하는데 기온이
지나치게 상승하여 열매가 열리지도 못하고 곯아서 떨어져나간다.

☞ 이상기온 현상으로 너무 빨리 익고 너무 빨리지는 것이다.

손에 쥐는 결실은 없다는 이야기다. 설사 조금 손에 쥐어본다고 하여도 나누어
보니 손에 남는 것은 아무 것도 없다.

● 시작하여 꽃은 빨리 피우는데 결과가 없는 것이다.

● 벌리는 데는 일가견이 있어 항상 남보다 일찍 꽃은 피운다.

묵묵히 자기 일에 충실하라. ─────────

♣ 이 사주의 특성.

화(火)일주로 언변(言辯)이 좋고, 사교술도 능란하여 설득력 또한 좋으나 염상(炎上)격이라, 자기도취에 남을 등한시 하는 경향이 있고, 특이성 체질에 혈압 또한 높고, 시각이 발달하여 있고, 예지(叡智)력도 좋아 응용을 잘한다.

☞ 효용(效用)성이 문제이다.

☯ 인월(寅月)의 경금(庚金) 일간(日干) ☯

辛　庚　丙　甲

巳　申　寅　甲　　　☞ 인사신(寅巳申) ➔삼형(三刑)살이 있다.

⬆ 용신(用神)은 목(木), 화(火)다. 역마, 지살(地殺) ➔ 형(刑), 충(沖). 험난한 사주.

♣ 결혼도 한 번으로는 안 되고, 살림도 또 여러 번 엎어야 하는 사주다.

• 인신(寅申), 사신(巳申) ➔ 형(刑)으로 하여 **처궁(妻宮)**이 너무도 어지럽다.
• 월(月)과 일(日)을 보면 천간➔충(沖)이요,
➔지지(地支) 역시 마찬가지다

♣ 제일 신경 써야 할 때는?

☞ 寅年(인년)————寅巳申(인사신)이요
☞ 巳年(사년)————寅巳申(인사신)이요
☞ 申年(신년)————역시 寅巳申(인사신) .

♣ 원국(原局) 자체에 寅巳申(인사신)을 놓고 있다.

항상 신경 써야 하는 것이다.

교통사고(交通事故)로 치아를 모두 다쳤던 사주다. 금일주(金日柱)가 득국(得局)이면 치아(齒牙)가 튼튼하다.(그만큼 강왕하니까)

☯ 실전사주의 예 ☯

○ 辛 ○ ○   신(辛)금 일간(日干)이다.

巳 酉 ○ ○   ☞ 지지(地支) ➜ 금국(金局).

辛 辛 戊 丙   술(戌)월의 신(辛)금 일간(日干)이다

卯 酉 戌 申   ☞ 지지(地支)-방합국(方合局)을 이루고 있다.

⬆ 금국(金局)을 이루어 치아(齒牙)가 튼튼하다.
색깔 역시 깨끗하다. 하얗다.

♣ 위의 경우와 상반(相反)된 경우를 보기로 하자.
축(丑)토 하나로만 연결 되어 있다면 어떻게 될까?
● 우선 축(丑)의 지장간(地腸干)을 살펴보자.
● 계(癸), 신(辛), 기(己)이다. 자고(自庫)가 된다.
☞ 옛 것이요, 구병(久病)이니 노치(老齒)가 된다.
나이가 얼마 되지도 않았는데, 노인들의 치아처럼 기능이 약화되는 것이다.
☞ 금(金)이 약(弱)하면 금(金)에 해당하는 육친(六親)도 치아가 부실하다.

♣ 치주질환(齒周疾患)의 원인 및 증상

☞ 치주질환의 직접적 원인은 치태(프라그)나 치석 속에 존재하는 다량의 세균
이라 할 수 있으나, 여기에 우리 신체의 면역기능, 호르몬 분비 상태, 전신질환
과 같은 숙주 요인이 깊이 관련되어 질환의 발생 및 진행에 큰 영향을 받게 된
다.

☞ 비슷한 나이에 비슷한 정도로 잇 솔질이 안 되고 치석 침착이 돼 있는 두
사람이 같은 정도의 치주 질환을 앓고 있지 않은 것은, 그 사람이 담배를 피우

묵묵히 자기 일에 충실하라. ──────

는 지, 심한 스트레스 상황에 연속적으로 노출되는지, 당뇨병을 앓고 있는지, 임신과 같은 호르몬 변화를 겪고 있는 상황인지, 특수 약물을 복용하고 있지는 않은지 등의 전신적인 상황에 따라 치주 질환의 감수성 내지 상이 달라지기 때문이다.

♣ 치주질환의 초기 증상으로는 이솔 질 할 때 잇몸에서 피가 날 수 있고 찬 음식에 이가 시리기도 하다. 질환이 심해지면 잇몸이 붓고 고름이 나오거나, 이가 솟는 느낌이 있을 수 있고, 이가 길어져 보이게 된다. 점차 이가 흔들려 치아가 빠지기도 한다.

☞ 이가 흔들리기 전까지는 대부분의 환자가 불편감이나 통증을 느끼지 못하는 특징을 갖고 있다. 치주 질환의 치료는 기본적으로 잇몸 염증을 일으킬 수 있는 치태나 치석을 제거하고 재생을 기대하는 특수 재료를 넣어 주는 것인데 자세한 내용은 다음 기회에 소개하기로 하자.

♣ 모든 질환이 그렇듯이 정기적인 구강 검사와 치석 제거, 올바른 잇 솔질을 해 치주 질환을 예방하고 조기 발견해 치료하는 것이 소중한 치아의 상실을 막는 가장 좋은 방법이라 하겠다.

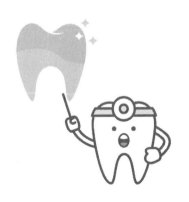

치아의 건강상태는 그 사람의 입술을 보면 알 수 있다.
건강할 때 잘 지켜야한다. 후회는 용납이 안 된다.

7. 호흡기 질환(呼吸器 疾患)

◇ 흉곽(胸廓)-내과(內科)에 속하는 부문의 설명이다.

※ 호흡기 질환의 종류

알레르기, 비염, 만성적인 기침,
소아 천식, 천식,
만성 기관지 질환 등이다」

사주 형, 충의 진행과정이다. 발단에서 진행과정, 응급조치, 결과로 이어진
다. 응급조치가 이루어지지 않는 것은 사주를 잘못 판단하는 것.
통변(通辯)의 중요함이다. 보이지 않는 질환, 호흡기 질환이다.

◉ 모든 병이 그러하듯 연령에 따라 그 질병의 성격과 종류가 다양하여진다.
똑같은 오행이라 하여도 상담 시 추명을 할 때 상대의 연령에 따라 그 판별을
옳게 하여야 할 것이다.

☞ 우리 몸의 항체는 적군이 들어오면 즉각 공격에 나서는데, 인체생활
에 해가 되지 않는 관광객이나 친구를 공격하는 것이 알레르기이다.
◉ 알레르기는 유전적 요인에 환경적 원인이 더해져 일어나는 일종의 환경 병

이라고 말한다.
선천적으로 알레르기체질을 타고난 사람이 각종
유발물질에 노출되면 증상이 나타나는 것이다.

♣ 어혈과 폐질환

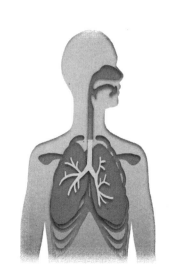

☞ 폐는 큰 기관지, 작은 기관지, 모세 기관지,
폐포로 구성되어 있고
가스교환을 통해 인체의 항상성을
유지하는 장기로서 미토콘드리아에서
사용하고 남은 부산물인 탄산가스를 교환한다.
☞ 즉, 가스 교환을 통해 죽은피를
싱싱한 피로 만들어 주는 역할을 한다. 흔한 질병으로는 기관지염, 모세 기관지
염, 기관지 확장증 등을 들 수 있다.
그 중에서 폐포의 이상이 어혈을 야기하는 것으로 밝혀졌다.
☞ 폐포 (肺胞) : 폐로 들어간 기관지가 갈라져 그 끝에서 주머니 모양으로 된
부분《포도송이처럼 갈라져서 기체 교환의 작용을 함》. 허파 꽈리.

😎 오월(午月)의 신금(辛金)-일간(日干) 😎 ▨▨▨▨▨▨▨▨

○ 辛 ○ ○   지지(地支)에 화국(火局)

○ 巳 午 ○   ☞ 폐염(肺炎)이 주의사항이다.

⬆ 물론 당연한 추명(推命)이다.
그러나 이런 식으로 추명을 하다가는 돌팔이소리 듣기가 십상이다.
●맞을 수도 있지만 그것은 아니다.
●이건 아니잖아!, 이건 아니잖아! 이다.

♣ 그 종류와 성향이 비슷하여 어느 것인지 구별이 안 되는 경우가 태반.
좀 더 깊이 있게 들어간다면, 대운과 세운 기타 종합적인 것을 정확히 파악하

여 원인이 무엇이며, 무엇 때문에, 신(辛)금이 녹아내리고, 언제 다시 기력을 회복하고, 중간의 매체 역할은 무엇이며, 무엇이 당장 필요하고, 용신(用神)에서도 여러 가지로 분류를 하듯, 주변의 상황을 파악을 하여 추명을 해야 할 것이다.

♣ 이렇게 추명을 하다보면 시간이 무한정일 것이다.

그러나 시간이 조용할 때 한 번 쯤 해보는 것도 공부에 많은 도움이 될 것이다. 우리는 의사(醫師)가 아니다. 섣불리 어디가 어떠하니 어떻게 하시오, 하는 말은 절대로 안 된다. 그러나 무작정 어디가 안 좋네요? 하는 식의 추명도 곤란할 것이다. 그만큼 어려운 것이 건강에 대한 추명이다.

그러면 어떻게 하여야 할 것인가?

♣ 어느 부분 인가를 정확히 짚어 주어야 한다.

그리고 그것의 회복(回復)이라든가, 변화(變化)를 짚어주어야 하고, 그에 대한 예견(豫見)을 설명해야 한다.

그 외의 상세한 부분은 각자의 내공에 달린 것이고 다음 부분은 전문적인 의료 행위를 하는 사람에게 맡겨야 하는 것이다.

그 이전에 우리의 역할은 최대한 빠른 시간에 이상이 있는 곳을 발견하여 가르쳐주고, 대비하도록 하는 것이 의무(義務)이자 보람이다.

☞ 기관지 및 폐에 이상이 생기는 경우.

☞ 사주에서 금(金)이 허약하고 피상이 될 경우.

◇ 목(木), 화(火)가 태왕(太旺)한 자.

사주에 목(木)화(火)가 많으면 금(金)이
어디에 있던 기(氣)에 눌려 쇠하여 있게 마련.
양(陽)의 기운이 너무 강하다보니
음(陰)의 기운은 항상 쳐져 있기 마련.
기본적인 성향을 보면 기관지나 폐 계통이 약하고, 사주가 건조하니 항상 입이 말라있는 형상이요, 그러니 고갈증이 있는 편이고, 피부는 건조하여 건성의 피부 소유자이고, 항상 기관지 계통은 말라있기 마련이다.

◇ 수, 목 응결된 사주.

♣ 수목응결(水木凝結)이란?
◉ 수(水)일주에 수(水)와 목(木)이 많은 사주.
◉ 목(木)일주에 수(水)와 목(木)이 많은 사주.
♣ 수(水)와 목(木)의 상관관계에서
결국 집중은 목(木)으로 되는 것이다.
수(水)와 목(木)이 한 덩어리가 되므로,
금(金)은 홀로이 외로운 환경을 지켜야 하는 것이다.
오행의 흐름상으로 살펴보면 금(金)은 수(水)를 생(生)하여 주니 기력(氣力)이
쇠하여지고, 수(水)는 목(木)을 생(生)하여주니, 목(木)의 입장에서는 가만히
앉아 불로소득(不勞所得)이라 금(金)의 기운이 빠지도록 하는 것이 되고 만다.
금(金)은 목(木)에게 당하는 형상이다. ➔ 목다금결(木多金缺).

◇ 응결(凝結)의 사주(四柱)에서의 의미(意味).

☞ 응결(凝結)이란 쉽게 생각 하면 굳어버린다는 것이다.
인체(人體)에서 굳어버리는 부분이 생긴다면, 위험한 결과를 초래하게 된다.
♣ 오행 중에서 가장 활발히 움직이는 것은 수(水)인 물인데, 물이 움직이지
않는 것이다.
☞ 진행이 이루어지지가 않는다.
부분적인, 일시적인, 움직임은 있어도
그것은 그 자체일 뿐
전체적인 흐름은 수(水)의 역할이다.
그런데 그것이 얼어붙듯 작동을

실전 통변은 융통성

안 한다면 문제가 발생한다.
♣ 다른 면으로 보면, 모였다 흩어지는 만남과 헤어짐이 없이 항상 제자리를
지키는 형상이기도 하다. 상호간 연계(聯啟)가 이루어지지가 않는다.
또한 음지(陰地)가 형성되어 자꾸만 밑으로 가라앉는 형상이니 양(陽)을 위로
자꾸만 밀어 올린다. 항상 무거운 것이 먼저 내려가기 마련이 아닌가?

♣ 음(陰)과 양(陽)이 서로 교차가 되어야 원만한 흐름이 이루어지는데, 한 쪽으로의 지나친 쏠림이 이어지니 차가 뒤집히는 것이다.

☞ 조후(潮候)가 안 되는 것이요, 자율신경(自律神經) 또한 쉬고 있는 것이다. 결국은 통제(統制)불능(不能)인 상태로 되는 것이다.

▣ 수(水)일주가 지지(地支)에 화국(火局)을 놓은 자.

☞ 금(金)이 화극금(火克金)을 받으니 금(金)의 소속부위인 기관지, 폐질환이 연결된다. 수(水)가 약해지면 金(금)이 금생수(金生水) 해주느라 절로 약(弱)해질 수밖에 없는 것 아닌가?

♣ 여기에 해당이 되면 해수(咳嗽), 천식(喘息), 치질, 맹장. 빈혈, 대장 질환, 생리통기타 연관된 부분을 체크하자.

기후+자연제해+공해=질병➜통변은 조후, 흐름 불통➜자율신경 마비
자율신경 마비는 결국 질병으로 인한 몸의 순환불통이다.

☻ 오월(午月)의 경(庚)금 일간(日干). ☻

○　庚　丙　○
○　午　午　○　　☞ 화기(火氣)가 왕(旺)➜ 고통 받고 있다.

▣ 금(金)이 화(火)의 극(剋)을 강하게 받고 있다.
금(金)은 수(水)를 생하는 것이 여의치가 않다. ➜ 이차적인 통변이다. 기본.
자기 자신도 돌 볼 겨를이 없는 것이다. 수(水)는 애타게 기다리지만 원군은 오지를 않는다. 결국 수(水)는 제 기능을 발휘할 수 없다.

♣ 수(水)는 물이요, 혈액(血液)인데 피의 흐름이 이어지지가 않으니 그 자리

에 고여 있는 상황이다. 결은 어혈(瘀血)로 이어진다. 어혈 : (혈액 순환이 잘 되지 못하여 피부 밑에 멍이 들어 피가 맺혀 있는 것. 또는 그런 병. (瘀血) 적혈. 축혈(蓄血)).생리통인데, 피도 새까맣게 타서 나오는 형상이니 얼마나 괴롭겠는가?

☞ 목(木), 화(火)가 태왕한 사주 : 여름에는 더위로 죽어난다.

☞ 수목응결(水木凝結)한 사주 : 겨울에 기침으로 죽어난다.

☞ 금기(金氣) 태왕한 사주 : 폐암, 피부암이 염려된다.

흐름의 무료 예방법

☯ 미(未)월의 경(庚)금-일간(日干). ☯

乙　庚　辛　己　　　　미(未) ➜ 급각살
酉　午　未　巳　☞ 화국(火局)➜목(木)화(火)➜재살태왕격.

⬆ 월지(月支)의 미(未)는 여름이고, 목(木)의 고장(庫藏)이다.
금이 약함으로 그와 연관된 부분에 저항력이 약하고, 병이 올 가능성이 농후하다. 재살(財殺)-태왕(太旺)으로 어디를 가든지 일복은 타고난 것이다.
모임에 참석하던, 집안 일을 하던 항상 뒤치다꺼리는 도맡아서 한다.

♣ 금(金)➜결실(結實)이요, 관(官)➜결실(結實) 실질적인 소득은 없다.
전력(電力)은 강한데 휴즈가 나가니 공급이 끊겨 오갈병(渴病)에 들린다.
☞ 조후(潮候)가 상실(喪失) 되어 수(水)가 없다.
금(金)은 쇠인데 뜨거운 용광로(鎔鑛爐)에서 녹아서 이리저리 튕겨지고 있는 상황이다.

♣ 사주(四柱) 자체가 신약(身弱)

➡가벼운 사람이다. 빈 수레가 요란하다는 말이다.

☞ 사람이 금(金)이라 야무진 것 같아보여도 조그마한 일에도 쉽게 열 받고 금방 흥분(興奮)한다. 결국은 그것으로 끝난다.

☞ 관(官)이 국(局)을 이루었으므로 타이틀을 좋아한다. 실속 없는 회장이나, 대표 글자만 들어가면 물, 불을 안 가리는 사람이다. 바지사장.

어리거나, 젊거나, 늙어도 사주의 성향은 숨길 수 없다.-DNA

▶ 운(運)에서 경진(庚辰)➡운(運)을 만났다면 어떻게 될까?

☞ 진유(辰酉)➡ 합(合)➡ 금(金)을 이루므로 일주(日柱)가 강하여 지기는하는데, 천간(天干)에 경금(庚金)➡나와 같은 사람이므로, 나의 힘으로 좋아지는 것이 아니고, 남의 힘으로 좋아지는 것이다.

☞ 비견(比肩)이라 나누어 먹어야한다.

만약에 독식(獨食)을 한다면, 운(運)의 흐름이 나쁠 때는 투서(投書)와 탈재(奪財)의 현상으로 가만히 앉아서 벼락을 맞는 수가 생긴다.

◉ 사(巳)➡운(運)일 경우

☞ 사(巳)운일 경우는 겨울이 되어야 사유축(巳酉丑) 금국(金局)이 형성 되어 좋다. 그러나 봄과 여름은 목(木), 화(火)➡ 양(陽)이라 찬바람 부는 가을, 겨울을 기다려야 한다.

☞ 영향을 받는 것은 일간(日干)으로 올 경우----직접적인 것이고,
　　　　　년(年), 월(月), 시(時)로 오는 경우----간접적인 것이다.

◉ 축(丑)운일 경우는 어떨까?

☞ 년지(年支)가 사유축(巳酉丑)➡금국(金局)이 되므로 원수가 오히려 나의 뒷받침이 되고 뿌리가 되는데 축미(丑未)➡충(沖)으로 재고(財庫)를 개고(開庫)시키니 돈 창고를 잘못 열면, 또는 부동산을 잘못교환, 매매할 경우 손실(損失)을 감수하여야 한다. 결국 끝에 가서는 이기기는 하는데 이유는?
축오(丑午)가 귀문(鬼門), 육해(六害)에 해당하지만 용신(用神)을 돕고 들어오니 괜찮은 것이다.

☯ **사월(巳月) 갑목(甲木)-일간(日干).**☯ ▰▰▰▰▰▰▰▰▰

己	甲	己	甲
巳	午	巳	寅

목(木), 화(火)➡당권(黨權)

☞ 특이성(特異性) 체질(體質)➡ 더위로 고생.

⬆ 일간(日干)인 갑목(甲木)이 지지(地支)의 인(寅)이 인오(寅午)➡화국(火局)하여 뿌리가 없어진다.

● 갑기(甲己)-합(合)하여 토(土)하니 화생토(火生土)를 받아도, 조토(燥土)가 되어 조후(潮候)가 안 된다. 뿌리가 없는 나무에 인수(印綬)가 없으므로, 세상을 흘러가는 데로 사는 인생이다.

♣ 목(木)과 상식(傷食)이 많으니 배포는 크다.

☞ 기토(己土)가 재(財)인데 操土(조토)가 되어 털어봐야 먼지만 펄펄 난다. 모래성을 쌓는 격이다. 무언가 좀 할 만하면 문제가 생긴다.

어울려 놀 때는 좋았는데

아! 어떻게 할까?

♣ 갑기(甲己) 합에 대한 분석(分析).

☞ 서로가 분파되어 둘로 나누어져 있다. 쌍쌍파티인 것이다.
☞ 중요한 것은 일간(日干)이므로 갑목(甲木)을 기준으로 살펴보도록 하자. 양
손에 꽃을 들고 있는 형국이다.

♣ 과연 어느 쪽을 택할 것인가?
자기의 아내가 있는데 또 다른 여자와 합을 이루고 있다. 그런데 자기의 아내
도 또 다른 남자와 합(合)을 이루고 있다.
☞ 서로가 각자 몰래하는 사랑을 하는 것이다.
☞ 가정(家庭)이 걱정 된다.
♣ 사(巳)중 경금(庚金)은 인사(寅巳)→형(刑)으로 피상이 되었고, 금(金)이
약하여 항상 해수, 천식에는 주의 하여야한다. 불기운이 강하니 조심하고, 정신
(情神)이 산만(散漫)한 상태가 자주 반복, 매사 차근차근, 침착성이 필요하다.

☯ 자월(子月)의 을목(乙木) 일간(日干).☯

戊 乙 戊 庚
寅 亥 子 子　　☞　을목(乙木)이 물길을 따라 내려간다.

⏏ 어디에서 정착을 할까?
년(年), 월(月), 일(日)의 지지(地支)가 다 물이다. 물길이 흐르는 데로 을목
(乙木)은 떠다니며 흐르고 있는 것이다. 계속 흐르기만 하다가는 문제가 생긴
다. 아예 정착을 포기한다면 그것은 또 문제가 달라진다.

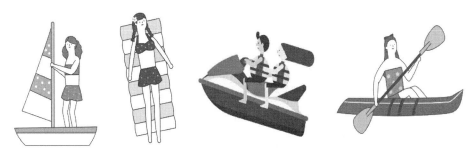

배도 배 나름이다. 자신의 능력과 환경을 살펴야 한다. 결국 돌아온다.

☞ 자신을 포기하고 사는 것이니까. 나무란 작든, 크든 꽃을 피우고 열매를 맺어야 하는 것이다. 결국 시지(時支)의 인목(寅木)에 뿌리를 내리게 되는데 그것은 시에 있어서 늦게 이루어지는 것이다. 일단은 수목응결(水木凝結)이다.

♣ 시기가 늦어 꽃이 피려다 마는 형상으로 굳어진다.

수생목(水生木)으로 도움을 받아 기운(氣運)을 보충하니 힘은 좋은데, 꽃을 피우려 해도 인(寅)-중의 병화(丙火)가 암장(暗藏)으로 있으니 어디 내 놀 정도는 못된다.

♣ 장날에 물건을 사려고 돈을 충분히 준비하여 갔는데 도착한 시간이 늦다보니 장이 파하는구나, 쓸 만한 물건은 이미 다 팔렸고, 서산에 해가 지려하니 장사꾼들도 각자 갈 길을 재촉하는 형상이구나.

◉ 의욕(意欲)과 통은 큰데, 현실(現實) 적응(適應)이 안 되어 꽃이 피려다마는구나. 얼마나 힘이 들겠는가?

♣ 편인(偏印)-격(格)이다.

● 편인(偏印)이 너무 많아서 모자(母子)-멸자(滅子)로 인수(印綬)가 망치는 격이다. (효신살의 기능) 일찍 독립하여 제 살길을 찾도록 해야 한다.

♣ 부모(父母)의 덕(德)은 어떨까?

☞ 지지(地支)에 해수(亥水)를 놓고 있지만, 자수(子水)는 꽁꽁 얼어서 부모의 덕이 없다.

● 수생목(水生木)으로 자꾸 배워도 목생화(木生火)로 나갈 수가 없으니 써먹지 못한다.
아무 소용이 없다. 중요한 것은 알고 있는 것을 활용해야 한다.

☞ 지나치게 수(水)가 강하므로 화(火)가 필요하다.

☞ 머리카락이 이마를 가리지 않도록 하고, 이마가 최대한 넓게 보이도록 외모에 신경을 써야한다.

환경의 추억은 평생 간다.

♣ 이마는 화(火)에 해당이 된다.

● 보여야 하고, 보일수록 좋은 사주는 바로 이런 경우다.

● 마음이 우울할 때는 이마를 열어보라 기분이 확 달라진다.

♣ 어떤 운(運)이 가장 좋을까? ➡ 오운(午運)이 좋을 것이다.

☞ 인오(寅午)➡화국(火局)을 이루고 골치이던 자(子)수를 자오(子午)➡충(沖)하여 묶어버리니 꽃을 피울 수 있다.

♣ 자오(子午)➡ 충(沖)을 하는 말이 "쥐:(子)구멍에 볕이 든다!"는 표현.

♣ 술(戌)-운(運)이 오면 어떨까?

☞ 술(戌)토는 을목(乙木)에게 재(財)가 된다. 돈이요, 아내다.

●토극수(土克水) 하여 지나친 냉기(冷氣)를 가셔주니 좋고, 오술(午戌)➡합(合)하여 화(火)를 이루니 집안이 금방 화기(火氣)가 넘친다.

☞ 어디서 이런 복덩이가 들어 왔누? 하고 칭찬이 자자하다. 년(年)상의 경금(庚金)은 ➡ 수다금몰(水多金沒)되어, 겨울이면 죽어나니 寒嗽(한수)이다.

☯ **사월(巳月) 계수(癸水)-일간(日干)**☯

乙	癸	丁	戊	재(財)인 화(火)가 당권(黨權)
卯	巳	巳	午	☞ 종(從)-사주이다.

⬆ 종재격(從財格)의 사주(四柱).

인수(印綬)인 사(巳)화가 ➡ 양립(兩立)하고 있다.

☞ 망신(亡身)-살(殺)이다.(사(巳)와 오(午)의 관계)

☞ 지장간(地藏干)을 보면 병경(丙庚)➡극(剋)이요, 천간(天干)으로는 정계(丁癸)➡ 충(沖)으로 부모가 서로 이별(離別)이다.

어머니가 재취(再娶)다. 목화(木火)로 종(從)하는 사주이므로, 사(巳) 중의 경금(庚金)이 있어도 녹아 버린다.

♣ 하(夏)➡ 묘미(卯未)라 하였는데, 시지(時支)에 묘(卯)➡급각(急刻)살.

☞ 일지(日支)와 시지(時支) 사이에 진(辰)이 들어가니 격각살이라, 자식과 나와는 항상 무엇인 가가 항상 한 다리를 건너야 하는 팔자인가 보다.

◈ 격각살(隔角殺)이란?

☞ 사주 신살(神殺)의 하나.

이 살(殺)이 있으면 부모 형제 곁을 떠나 먼 타관에서 방랑(放浪)하게 된다.

이 격각살(隔角殺)은 생일(生日)과 생시(生時)로 보는데 십이지(十二支)가 생일(生日)에서 생시(生時)가 한 칸을 건너뛰었다고 하여 붙여진 이름이다. 격각살(隔角殺)은 아래와 같다.

子午卯酉-寅申巳亥	辰戌丑未-子午卯酉	寅申巳亥-辰戌丑未
자(子)일-인(寅)시	축(丑)일-묘(卯)시	인(寅)일-진(辰)시
묘(卯)일-사(巳)시	진(辰)일-오(午)시	사(巳)일-미(未)시
오(午)일-신(申)시	미(未)일-유(酉)시	신(申)일-술(戌)시
유(酉)일-해(亥)시	술(戌)일-자(子)시	해(亥)일-축(丑)시

☞ 일(日)에서 시(時)로 지지(地支)의 순서(順序)대로 나가면 된다.

☞ 역(逆)으로 시(時)에서 일(日)로 나가는 경우도 격각살(隔角殺)로 취급.

♣ 이성간의 관계를 보면 재(財)가 년(年), 월(月), 일(日)에 있어 그것도 한 곳으로 뭉쳐있으니 다리가 여럿이 된다는 이야기다.

☞ 그것도 나보다 위쪽이니 연상(年上)의 관계가 분명하다.

☞ 내가 힘이 부족하니 생각하는 것이 그들만 못한 것이다.

결국에는 허무하게 이용만 당하고 끝이 나는 것이다. 여자의 힘을 빌려 목적을 이루려지만, 결국은 내침을 당하는 것이다.

♣ 계수(癸水) 일주인데 신약(身弱)이라 속이 훤히 보이는데 망신이다.

화(火)의 기운이 강왕(康旺)하므로 더 기운이 확장이 되지 않도록 하려면 기운을 설기(泄氣) 시키는 방법이 최고인데, 토(土)인 관(官)이 방법이라 재물(財物)을 간직하려면 부동산을 매입 하는 것이 최고다.

☻ 인(寅)월, 경금(庚金)일간 ☻

甲　庚　甲　戊　　　금목상전(金木相戰).

申　寅　寅　寅　　☞ 목(木)➡기운(氣運)이 더 왕(旺) 하다.

⬆ 경금(庚金), 신금(申金) 모두가 당하고 있는 형상이다.

금(金)과 연관된 부분이 ➡ 시원치가 않다.

☞ 년간(年干)의 무토(戊土) 또한 사방에서 극(剋)을 받아 온전하지가 못하다.

위(胃)가 생각정도 이상의 상태이다.

♣ 토(土)는 중간이라 허리로도 보는데 이 경우 허리는 어떨까?

　이 경우는 전체적인 것을 종합하여 보아야한다.

☞ 사주가 강한가, 약한 가 먼저 살펴보고 판단해야 한다.

♣ 월(月)에 재(財)를 놓고 있으므로, 일단은 재(금전,여자)가 우선인 성향이다. 목(木)이 많으니 배짱도 있고 손도 큰 편이다.

☞ 인(寅)목이 셋 ➡ 운(運)의 길흉(吉凶)에 따라 그 변화가 크게 작용한다. 덩어리이기 때문이다.

☞ 인(寅)목이 재에 해당하므로 그 변화가 다양하다.

탕화(湯火)작용이 된다면 ➡ 크게 작용하고, 재(財)의 기복(起伏)이 크다.

♣ 어찌 보면 재(財)에 종(從)하는 것이 편한 사주.

　그것도 뜻대로 잘 되지가 않는다.

☞ 전체적인 기운은 종(從)한 것 같은데 항상 불씨가 남아있다. 이런 경우 가종격(假從格)으로 볼 수 있다.

☞ 항상 재(財)에 눌려 있지만, 금운(琴韻)이 올 경우는 달라진다. 반발(反撥)이 그만큼 강하게 나타나는 것이다.(신(申)이 살아난다.)

☯ 인월(寅月)에 경금(庚金)-일간(日干) ☯ ▰▰▰▰▰▰▰

○   庚   甲   癸   ☞   월(月)에 편재(騙財)를 놓고 있다.

○   子   寅   未   월급으로는 성이 안찬다.

⬆ 편재(騙財)의 기질이 잠재(潛在), 언제 어떤 방향으로 나타날지 모른다.
운이 좋으면 상관이 없지만, 운이 안 좋을 경우
도 항상 대비를 해야 한다.

☞ 편(偏)이 강한 사주를 소유한 사람들은 그
래서 항상 걱정이다. 목화(木火)가 용신(用神)
이다.

◉ 사주에 토가 없는 사람은 관절을 항상 조심
하라고 하는데 이유는?

연령 불가

☞ 관절(關節)은 금(金)이다.
　금과 금을 연결하는 매체는 무엇일까?(뼈와
뼈를 연결한다.)

♣ 금(金)에게 도움이 되면서 연관 관계가 이어져야 한다.

☞ 자연 토(土)가 된다. 인체에서 슬-관절은 토(土)에 해당이 되는 것인데 이
와 같은 것이 토(土)의 역할이다.(**비어 있으니 사고가 난다.**)

◉ **슬-관절이란?**

슬-관절은 우리 인체의 뼈와 뼈
부분이 연결되어 자유롭게 움직일
수 있는 관절 중에 가장 복잡한 구
조와 기능을 가지고 있는 관절 부
위를 말하는데. 주로 무릎에 있는
관절을 말한다.

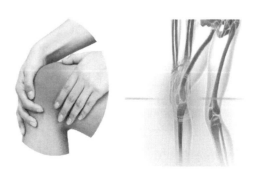

하체에서 중추적인 역할을 하는 부분이다.
실질적인 실무자다.

8. 심장(心臟)및 혈압(血壓)–질환(疾患)

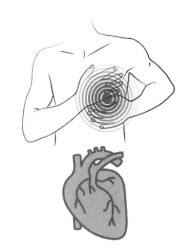

♣ 심혈관질환의 종류(種類).

고지혈증   고혈압   기립성저혈압

뇌경색   뇌동정맥기형   뇌졸중

뇌종양   동맥경화증   모야모야병

버거씨병   심근경색증   협심증

☞ 심장 및 혈압에 관련된 사항인데 모두 화(火)와 연관이 되어 진다.

♣ 구분을 한다면

    ➜ 소장(小腸)
　　　　　　　　　　양(陽)으로 소장으로 통과한다, 보낸다.

    ➜ 심장(心臟)
　　　　　　　　　　음(陰)으로 걸러내는 작용을 한다.

▶ 인체의 장기와 기관.

　음(陰)은 걸러내는 역할을 하고, 양(陽)은 보내고,

　지나치고, 즉 통과(通過) 시키는 역할을 한다.

☞ 금(金)의 예를 들어보자. (경(庚)➜ 양(陽)이요, 신(辛)은 음(陰)이다.)

☞ 경(庚)은 양(陽)으로 대장(大腸)에 해당하는데 통과한다.

☞ 신(辛)은 음(陰)으로 폐(肺)에 해당하니까 걸러내는 역할을 한다.

◆ 뇌졸증(Cerebrovascular accident)이란?

♣ 뇌에 혈액 공급이 차단되면 그 부위가 정상기능을 할 수 없는 상황을 뇌졸증(腦卒症)이라고 한다.

☞ 심장으로부터 일정량의 혈액을 공급받아 정상적인 기능을 유지하는 뇌는 뇌혈관을 통해 일정량이 혈류(50ml/100g/min)를 유지하는데 여러 가지 이유에 의해서 혈류 장해가 발생하면 의식소실, 반신마비, 언어장애 등의 국소적 신경장애를 일으키고, 기능에 문제가 생긴다.

◘ 심장병(心臟病)

◘ 심장은 모든 혈액이 한 번씩 거쳐 가는 종합 터미널이다.

☞ 맑은 피를 전신의 모든 조직과 세포에 공급하는데 혈액이 오염되어 충분한 에너지를 보내지 못하게 되면 몸 안의 각 장기들은 보급품을 받지 못해 각 조직의 세포들이 위축되고 기능이 퇴화하기 시작하여 고혈압, 저혈압, 판막손상, 협심증, 심낭염 등이 발생한다.

☞ 특히 관상동맥에 동맥경화가 발생하면 심장마비로 이어지기 쉽다.

♣ 심장병의 증상

가슴이 답답하다.
가슴이 아프다.
오후에 붓는다.
화를 잘 낸다.
고혈압이다.
쉽게 우울해진다.
가슴이 허전한 느낌이 든다.
혀 밑 정맥이 확장되어 있다.
혀에 푸른 반점이 있다.
최근 스트레스를 많이 받았다.
입술이 검푸르다.

안색이 창백해진다
어지럽다
쉬 피로하다
딸꾹질이 심하다
심장 부위가 간간이 뜨끔뜨끔하다
이유 없이 잘 놀란다
괜히 심장이 두근두근거린다

정서적 불안이 심하게 나타난다.

♣ 기립성저혈압
가장 명확한 증상으로는 일어설 때 어지러움이나 현기증이 나는 것이다.
이와 더불어 무기력, 전신 쇠약감, 구역질 등의 증상이 동반되기도 한다.

♣ 고혈압(高血壓)의 증상
고혈압은 초기에는 아무런 증상이 없다. 따라서 방치되는 경우가 많고, 건강검
진 등 우연히 발견되기도 한다.
☞ 일반적인 증상.
뒷머리가 아프고, 어지럽거나 가슴이 두근거리고 쉽게 피로하며 코피 혈뇨 등
이 나타난다. 그러나 아무런 불편함을 느끼지 못해서 방치하거나 고혈압을 조
절하지 않으면 혈압이 갈수록 악화되어 뇌졸중이나 시누전(심근경색, 협심증),
눈 손상 등, 생명을 위협하는 심각한 합병증이 나타나게 된다.

♣ 고지혈증의 증상
☞ 특별한 증상이 나타나는 것은 아니지만 혈중 콜레스테롤이나 중성지방증가
가 동맥경화, 고혈압, 심혈관계 질환 등의 위험요인이 되기 때문에 문제가 된
다. 그러나 가족성 고지혈증 환자에서 건황색종이나 황색판종이 나타난다

♣ 동맥 경화증 (Arteriosclerosis) 이란?

☞ 혈관에 지방, 주로 콜레스테롤이나 중성지방 등이 침착하여 동맥벽의 탄력

이 소실되고 그 벽이 두꺼워져서 경화되는 질환을 말한다.

☞ 공통적으로 혈액공급 부족으로 인한 증세가 가장 많다. 즉, 혈액이 조직말단까지 충분히 도달하지 않아 조직이 괴사하기도 하며, 운동 시 통증, 무감각, 마비 등의 다양한 증상을 나타낸다.

♣ 심장동맥경화(관상동맥경화)-----심장부의 통증을 주 증상으로 하는 협심증이나 심근경색을 일으킬 수 있다.
♣ 뇌동맥경화증--------두통, 기억력 장애, 이명이 있으며 머리가 몹시 아프다.
♣ 말초동맥경화증 ----팔다리가 저리고 땀이 적게 나며 감각이 달라 지면서 걸음을 오래 걸으면 다리, 장딴지가 아파오며 더 이상 걸음을 걷기가 힘들어 진다. 장시간 서 있는 경우도 다리가 저리고 땅긴다.

♣ 뇌경색(Cerebral Infarction)이란?

뇌에서 사용되는 산소와 영양분은 동맥을 통해 뇌 조직에 들어오는데, 이 동맥이 막혀 혈액 공급이 중단되면 혈액을 공급받던 뇌의 부분이 산소 부족으로 괴사하고 기능이 저하, 상실되는데, 이러한 상태를 뇌경색이라 한다.
◉ 뇌경색에는 뇌혈전과 뇌전색이 있다

▶ 혈압(血壓)은 인수(印綬)가 병(病)일 때도 오는데, 그 예를 들어보자.
♣ 사주에 인수(印綬)가 병(病)인데 또 인수 운(運)이 오면 어떨까?
예를 들어 목(木)일주라고 하자, 그러면 인수는 당연히 수(水)가 된다.
●병(病)이 된다 함은 많은 것이라, 인수가 많아 걱정인데 또 오니 넘쳐서 걱정이라, 먹어라, 가져라 식으로 이어진다. 기운이 자꾸만 넘치니 걱정이다.
●기운이 어느 정도 충만하면 그것을 활용을 하여야 하는데, 써먹지를 못하니 몸이 근질근질하여 안달이 나는 것이다.
●기가 충만한데 자꾸 보충만 되니, 기가 지나치게 상승하여 병이 되니 혈압으로 나오는 것이다.

☞ 올라갈 곳이 없으니 폭발하는 것이다.

♣ 사주(四柱) 상으로 그 원인(原因)을 분석 하여보자.

◇ **목(木), 화(火) 일간이 너무 약한 경우.**
목(木)이 약(弱)하면 목생화(木生火)를 못하게
되는데, 그러면 자연 화(火)인 심장(心臟)이 약
하게 되고, 그로 인한 질병(疾病)의 원인(原因)
이 발생(發生)하게 된다.

◇ 화(火)가 태왕(太旺) 한 경우.
다자무자(多子無子)의 원리로 오히려 화(火)인
심장(心臟)이 약할 수 있는 것이다

◇ 사주(四柱)에 화기(火氣)가 너무 약(弱)할 때.
화(火)는➡ 심장(心臟)을 의미하는데 눈이 크면 ➡ 심장병에 걸린다.
겁이 많아 자주 놀라니까. (크게, 많이 보이니 더 놀라는 것이다.)
◇ 수(水)일주가 수(水)가 태왕(太旺) 한 경우.
●수(水)가 많으면 수극화(水剋火) ➡ 불이 꺼진다.
●수(水)일주에 수(水)가 많으면 비만(肥滿) 체구이다. 혈압(血壓)이 상승하는
것이다.
●피가 통과하는데 압력을 심하게 받으므로, 혈압이 자연 상승하니 그로인한
질병에 걸리는 것이다.
◇ 화(火), 토(土) 식신격(食神格)을 놓은 경우.
이 경우는 심광체반(心廣體胖)이라 마음은 넓고 몸은 비만(肥滿)이라고 하는데
보기에는 넉넉해 보여도 병(病)을 안고 사는 것이다.

▶ 금(金)일주가 목(木), 화(火)가 많으면 혈압, 또는 뇌일혈(腦溢血)이라고
했는데 이유는? 금(金)이 약하니 선(線)은 가늘고, 전력(電力)은 강한지라 선
이 녹아 버린다. 인체(人體)로 비유한다면 핏줄이 터지는 것이다.

◇ 화(火)가 약(弱)하여 생기는 병: 저혈압, 심장판막증, 협심증
◇ 화(火)가 강(强)하여 생기는 병: 고혈압, 심장확장증, 울화병

◇ 여자가 **심장판막증**이면
아기 낳다가 죽는다.
수(水), 토(土)일주 신왕(身旺)한 자가
사주에 자미(子未)를 놓고 있으면
처(妻)- 산망(産亡)이다.

☯ **진(辰)월의 병화(丙火)일간(日干).** ☯

乙　丙　戊　己
未　戌　辰　丑

☞ 지지(地支)에
진술축미(辰戌丑未)를 다 놓고 있다.

⬆ **화토식신격(火土食神格)으로 → 비만(肥滿)형 사주.**

☞ 토(土)가 왕 하여 화(火)가
진액(津液)이 다 빠져있는 상태이다.
토의 왕한 기운을 제어(制御)하려면
목(木)→기운(氣運)이 필요하다.

☞ 그런데 의지할 목(木)을 찾으니
시주(時柱)에 을목(乙木)이 있는데
지지(地支)에 고(庫)를 놓고 있으니
문제가 있고, 주변(周邊)을 둘러보아도
사방이 완전히 나의 기운(氣運)을 앗아가는 세력(勢力)뿐이라 의지(依持)할 그
릇이 안 된다.
스스로의 길을 개척하는 것이 제일 빠른 방법이다.

♣ 고로 미중(未-中) 정화(丁-火)를 용신으로 한다.
☞ 지지(地支)를 살펴보면 축술미(丑戌未)→삼형(三刑)살이고, 진술(辰戌) →
충(沖)이다. 사고(四庫)를 다 갖추고 있는 사주. ☞ 건강으로 보면 당뇨(糖尿)

를 주의(注意)하여야하고, 형살(刑殺)이 있으니 위(胃)-계통의 수술(手術)이요, 암(癌)도 걱정이 된다.

♣ 병화(丙火)일간, 양(陽)이지만 주변 토(土)의 기운이 강하여 산(山)을 이루니 산이 너무 높아 빛이 가려지는 형상이라, 음(陰)으로 변하고 만다.

☞ 상식(傷食)이 지나치게 많아 그것이 한(恨)이다.

결국은 식상(食傷)에 해당하는 육친의 업(業)이요, 한(恨)이다.

☞ 수입에 비하여 지나치게 지출이 많아 항상 쪼들리니, 나의 것으로 만들 생각을 말아야한다.

☞ "베푸는 것이 업(業)이다." 라고 생각을 하는 것이 편하다.

고로 종교(宗敎) 쪽과의 연(連)이 이루어지는 것이 좋다.

♣ 제일로 필요로 하는 것은 목(木)이다.

오매불망(寤寐不忘) 기다리고 기다려야 하는 것이 목(木)이다.

☞ 금(金)이 없으니 결실(結實) ➜ 마무리가 약하다.

없다하여 안하는 것은 아니다.

여기서 실수하는 경우가 또 나온다.

노련함을 간직하려면

이렇게 통변(通辯)한다.

예를 들어 "설거지 할 것을

모아두었다가, 또는 빨래도

모았다가 한 번에 하는 경향이다."

그것도 정기적(定期的)이 아닌

답답하면 마지못해 지저분하니까, 누가 오니까————이런 식이다.

● 벌리고, 계획하는 능력은 있으나 마무리를 못하니 화기(火氣)가 약하고, 빛을 보기가 힘들다. 스스로 채워야한다. "하늘만 쳐다보면 무엇하누!"

☞ 사주에 형(刑), 충(沖)이 많으므로 ➜ 기술직(技術職)이 유리하다.

☻ 묘월(卯月)의 임수(壬水)일간. ☻

己	壬	癸	丁
酉	寅	卯	亥

천간(天干) ➡충(沖)이요,

☞ 지지(地支)➡합(合)이다.

➡ 기운(氣運)이 역(逆)으로 년(年)으로 가버린다.

☞ 년(年)과 월(月)에서 천간(天干)으로 정계(丁癸)➡충(沖)이요, 지지(地支)로는 해묘(亥卯) 목국(木局)이지만, 습목(濕木)이라 화(火)를 생(生)하여 주기 어렵다.

☞ 일간(日干)의 입장에서 보면
식상(食傷)이 많아 기획(企劃)력과
배짱은 사줄만하다.

♣ 그러나 정화(丁-火)가 초년(初年)에
이미 날아가 버려
재운(財運)과는 거리가 멀다.
운(運)에서나 기대(企待)를 해야 한다.

☞ 화(火)인 심장(心臟)과 시력(視力)이 나쁘니 그쪽이 병(丙)이다.

➡ 해(亥)가 급각(急刻) 살이고, 묘(卯)가 단교관살이다.

♣ 이 사주가 남자라면 기(己)토가 자식(子息)이므로 지나치게 극(剋)을 받아 능력(能力)의 상실(喪失)이다.

●기토(己-土)는 입이므로 자식이 벙어리일 수도 있다. 여자의 사주라면 기토(己土)는 남편(男便)인데, 그 또한 언어(言語)에 장애(障礙)가 있다.

☞ 언제 인 가는 놓인 위치(位置)를 보고 판단 한다.
원국(原局)에서의 문제이므로 기본적인 성향이다.

♣ 그런데 문제는 그렇다면 전부가 언어에 장애가 있는 사람들이란 말인가?
절대 그렇지가 않다.

☞ 입이 있어도 입의 구실을 못하는 것이다.

☞ 할 말도 제대로 못하고 사는 인생이다.

목(木)이 강하여 토(土)를 극(剋)하니 목이란 종이, 목재, 섬유 기타로 해석을 하는데, 입과 연관을 지으면 실로도 보는지라, 실로 입을 꿰매는 형상이요, 그 것도 아주 튼튼히 꿰매는 것이라 입을 봉(縫)하고 살아가는 것이다.

♣ 수(水)에게는 재물(財物)이 화(火)인데 ➔ 봉쇄(封鎖)되어 맥을 못 추니 돈 이 항상 궁(窮)한 것이다. 저축(貯蓄)을 하려고 하여도 돈 넣는 구멍을 막아버 렸으니 저축이 안 되는 것이다.

☻ 해월(亥月)의 계수(癸水)일간(日干), ☻

| 乙 | 癸 | 癸 | 癸 | 수목응결(水木凝結)이다. |
| 卯 | 亥 | 亥 | 亥 | ☞ 수(水)가 지나치게 강(强)하다. |

➔ 목이 지나치게 강한 수(水)에 의하여
항상 물에 젖어있는 상태이다.
해월(亥月)에 출생(出生) 하였으니
차디차고, 춥기만 하다.
나무가 자라지도 못하고, 꽃도 피우지도 못한다.
☞ 추운 겨울에 음지(陰地)나무로,
아무런 쓸모없이 되어버린 형국이다.

♣ 지나칠 정도로 조후(潮候)가 상실(喪失)되어있다.
☞ 수기(水氣)가 왕양하여 **마른 비만체구이다.**(비만(肥滿)도 여러 가지)
목(木)은 바람이라 풍(風)인데, 습목(濕木)이라 더욱 더 풍질(風質)이 강하고,
고혈압(高血壓)이라 수기(水氣)에 휩싸이니 영락없구나.

☻ 오월(午月)의 경금(庚金) 일간.☻

| 乙 | 庚 | 甲 | 丙 | 사주(四柱)에 목화(木火)가 과(過)하다. |
| 酉 | 午 | 午 | 寅 | ☞ 지나침이 건강의 적신호(赤信號)다. |

⬆ 혈압(血壓)이 높아 뇌일혈(腦溢血)로 위험하다.

재살(財殺)이 태왕(太旺)

➡ 삶이 고통(苦痛)이다.

➡ 너무 많이 적중한다.

♣ 사주가 너무 화기(火氣)가

강하여 항상 고갈(枯渴)증에 시달린다.

재살이➡태왕(太旺)한 사주는

평생➡재산(財産)을 모으기가 힘들다.

8.   간- -질환(肝-疾患)

♣ 간(肝) 질환(疾患)의 종류(種類).

A형 간염   B형간염   C형 간염
간경화   간기능부전   간낭종
알코올성간질환   지방간

◆ 오행(五行)으로는 목(木)에 해당하는 사항
☞ 사주 추명 시 목(木)하면 무조건 간 계통에 맞추어서 추명을 하는데 물론 틀린 것은 아니지만 좀 더 세분화하여 살펴야 할 것이다.

♣ 목(木)에 해당하는 부분은 근육(筋肉)도 연관이 되고, 고관절부분, 목 부위 도 해당되고, 담석, 간경화, 편두통 눈물, 근육의 경련, 구역질, 소화불량, 기타 여러 증상들이 있으니, 어느 부위와 연결이 되는 가 살펴서 추명(推命)을 하여 야한다.
☞ 자세한 것은 질병별로 그 증상을 참작하면 될 것이다.
♣ 간장(肝腸)에 발생하는 암(癌)의 총칭, 간장암이라고도 한다.
처음부터 간장에서 생기는 원발성 간암과, 다른 장기에 발생한 암이 전이되어 생기는 속발성(전이성)간암이 있다.
♣ 갑목(甲木)은 간(肝)과 연결되고, 을목(乙木)은 담(膽)을 말하는데 쓸개를 가르킨다. 지지에서 나타나는 특성(特性)도 잘 살펴보아야한다.

♣ 묘목(卯木)은 습목(濕木)이라 살이 붙기 시작을 하면 살이 잘 안 빠진다.
간에 지방이 형성이 되면 제거하기가 힘들어진다. 그리고 대체적으로 깔끔한 편은 못된다.

소중하면 잘 간직하고 보존해야 한다.

♣ 간(肝)과 연관된 지지(地支)로는 미(未)토 ➡ 연결 되는데 조토(燥土)라 炎(염)으로 연결된다.

☞ 지장간(地藏干)을 살펴보면
미(未) 중에는 기(己)와 정(丁)이 있어서,
또한 6월이므로 여름이라
화기(火氣)가 많아 간(肝)의 기능이
약(弱)하게 되는 것이다.

◎ 지지(地支)의 토(土)

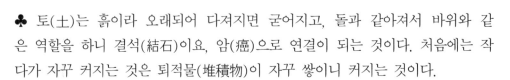

☞ 진(辰) : 수(水)의 고장(庫藏)이라, 당뇨
☞ 술(戌) : 화(火)의 고장(庫藏)이라, 노안
☞ 축(丑) : 금(金)의 고장(庫藏)이라, 대장암
☞ 미(未) : 목(木)의 고장(庫藏)이라, 간암이 염려된다.

♣ 토(土)는 흙이라 오래되어 다져지면 굳어지고, 돌과 같아져서 바위와 같은 역할을 하니 결석(結石)이요, 암(癌)으로 연결이 되는 것이다. 처음에는 작다가 자꾸 커지는 것은 퇴적물(堆積物)이 자꾸 쌓이니 커지는 것이다.

▶ 어떤 경우 **간질환으로 연결이 되어 질까?**
♣ 간질환은 목(木)이 약할 때 그 현상이 두드러진다.
☞ 목(木)이 약하면: 배포가 적다, 담력(膽力)이 약하다.
목(木)일주가 재살(財殺)인 토(土)와 금(金)을 많이 갖추고 있으면, 자연 신약(身弱)하여 지는데 간질환으로 연결이 되는 것이다.
☞ 목(木)이 많아 강할 때: 똥배짱이요, 담력이 크다.

♣ 수(水),목(木)이 응결(凝結)된 경우.
목(木)일주가 수(水), 목(木)이 많을 때, 수(水)일주가 수(水), 목(木)이 많을 때 수목응결인데, 수생목(水生木)으로 ➡ 목(木)으로 집결.
목(木)은 습목(濕木)이 되어 물에 젖은 상태로 항상 젖어있다.
그러므로 간에 이상이 오는 것이다. 간경화, 간암으로 이어진다.

☯ 묘월(卯月)의 수(水)일간 ☯

○ 癸 乙 ○   음목(陰木)에 습목(濕木)

子 丑 卯 ○   ☞ 수목응결(水木凝結)로 연결되어 진다.

➡ 이 경우 물이 원수가 되는 것이다.

　술이 원인(原因)이다. 금주(禁酒)가 살길 이다.

◆ 금목(金木)이 상전(相戰)하는 경우.

여기➡상전(相戰)은 금(金)이 이기는 경우.

☞ 목(木)이 강하다면 간(肝)에 이상이 생길
이유가 없다. 오히려 금(金)에 관련된 부분에
이상이 올 것이다.

☞ 목(木)이 항상 금(金)에 피상이 되는 경우
다. 동네북처럼 두들겨 맞는 형상이다.

맞으면 맞을수록 화나고 열 받으니 간에 이상
이 오는 것이다. 그리고 항상 맞으니 여기저
기 아프다 소리가 자꾸만 나온다.

그래서 통, 통, 통 튀기는 것이다.

(병명(病名)도 통(痛)자로 이어진다.)

♣ 목(木)일주가 화(火)가 많을 경우는 어떨까?

설기(泄氣)를 심하게 하니 기력이 쇠진이다. 이것저것 다주고 나니 이제는 줄
것이 없다. 무엇이 있어야주지?

♣ 화(火) 기운이 강하여지니 염(炎)으로 변화가 된다.

☞ 목(木)은 약하고 염증(炎症)은 강해지고 간염으로 가는 것이다.

병도 전염(傳染)이 되고, 안 되고를 보는데 그 기준은 무엇일까?

☞ 그것은 **칠살(七殺)**이 되어 돌아올 때이다.

소중하면 잘 간직하고 보존해야 한다.

☯ 신월(申月)의 갑목(甲木)-일간(日干) ☯ ▬▬▬▬▬

| ○ | 甲 | 庚 | ○ |
| ○ | 申 | 申 | ○ |

경금(庚金)과 같이 있다.

☞ 지지(地支)에도 金이 포진을 하고 있다.

▶ 금목상전(金木相戰) 인데 목(木)이 약해 견디지를 못한다.

금(金)이 칠살(七殺)이 되어 한 없이 괴롭히고 있는 형국이다.

칠살(七殺)은 귀(鬼)가 아닌가? 귀신? 그래서 돌아다니는 것이요, 전염(傳染)이 되는 것이다.

◈ 소변을 참으면 결석(結石)으로 이어지는데 이유는 무엇일까?

◉ 사람에 몸에는 신장이라는 장기가 양쪽에 하나씩 있어서 이곳에서 만들어진 소변을 요관을 통해 방광으로 운반하며, 이렇게 운반된 소변이 방광에 저장되어 있다가 소변을 보게 되면 요도를 통해서 배출 되게 되어 있다.

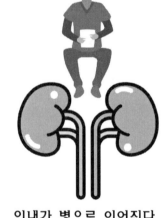

인내가 병으로 이어진다.

♣ 요로(尿路) 결석(結石)이란?

소변이 만들어지고 저장되는 길에 " 돌 "이 생기는 질환을 결석 이라 하고, 각각의 위치에 따라 신장결석, 요관 결석, 방광결석, 요로 결석이라 한다.

요로결석이 생기는 과정은 주로 칼슘이나 수산염, 인산염. 등의 농도 가 높아지면서 소변에 더 이상 녹지 못하고 그 결정들이 합쳐져서 크게 자라게 되는 현상을 요로결석이라고 한다.

♣ 결석의 치료는 체외파 충격술이나 수술을 이용해서 치료가 가능하며, 중 수술 보다는 체외에서 발생된 충격파가 피부를 통해 결석이 있는 위치로 들어가 결석을 작게 분쇄하면, 분쇄된 결석가루가 소변과 함께 배출되는 체외 충격파 쇄석술 치료를 가장 많이 이용한다.

☞ 요로결석이 확실하고 그 크기가 저절로 배출되기 어려운 정도라면 체외충격파 쇄석술이 가장 안전한 치료이다.

☻ 신월(申月)의 갑목(甲木) 일간(日干)☻

丁　甲　甲　庚 　　　갑목(甲木) 일간(日干), 의지처가 약하다.

卯　戌　申　申 　☞　화(火), 토(土), 금(金)으로 둘러싸여있다.

■▶ 갑목(甲木) 일주인데, 월간(月干)에 또 갑목(甲木)이 있으나 갑경(甲庚) ➡ 충(沖)이 되어 용도폐기다.
재살태왕격(財殺太旺格)으로 파격(破格)이 되고, 깨어진 그릇이다.

☞ 삶이 만고풍상이다. 팔자는 평생 간다.
목(木), 화(火)가 필요한 사주.
☞ 둘 중 화(火)가 더욱 시급하다.
● 금(金)의 지나친 기운을 억제하려면 수비(守備)의 입장에 있는 목(木)보다는 공격적인 화(火)가 필요한 것이다.
● 목(木)일주가 약(弱)하다고 하여 생(生)하여주는 수(水)를 사용한다면 금(金), 수(水)인 음기(陰氣)가 더욱 강해져 양(陽)의 기운인 목(木)이 또 곤혹스러워지는 것이다.

☞ 금다목절(金多木折)로 인해 간 기능이 약화되어 있고, 목생화(木生火)가 시원치않으니 시력(視力)도 주의 하여야, 하고 묘신(卯申)이 ➡ 귀문관인데 칠살(七殺)이라 겹쳐져 있으니 간질(肝疾) 또한 주의.

◆ 가을에 서리가 많이 내린 형상.
나무의 잎이 거의 다 떨어진 형국이라, 관살(官殺)이라는 병(病)을 항상 달고 다니는 사주다.
☞ 갑경(甲庚) ➡충(沖)의 경우를 살펴보자.
일간(日干) 본인을 대신하여 월(月)에서 형님이 대신 갑경(甲庚) ➡충(沖)을 당하고 있어 본인에게는 그 여파가 최대한으로 감소 된 것이다.

소중하면 잘 간직하고 보존해야 한다.

나를 위하여 희생 한 것이다.

♣ 월간(月干)의 갑목(甲木)을 보면 지지에 신금(申金)이라 절지(絶地)를 놓고 있고 천간(天干)에서 갑경(甲庚)→충(沖)으로 두들겨 맞으니 견디기 힘든 것이라, 일찍 세상을 뜬다고 보아야 한다.

☞ 나를 대신하여 형님이 먼저 세상을 하직한 것이다.

＊ 여기에서 건강(健康) 면으로 다시 보자.

♣ 금(金)이 강한데 만약에 금(金)에 연관된 부분에 병(病)이 발생한다면?
기운이 강한 곳이라 병을 치료하기가 수월치가 않다.

일주자체가 항상 충(沖)을 받고 있으니 매사 자신감의 결여(缺如)요, 기(己)를 펴고 살지 못한다. 개선(改善)과 변화(變化)가 필요하다.
☞ 성격자체도 대범한 편이 못되고 소심한 스타일을 벗어나지 못한다.
♣ 우선 묘(卯)-목(木)인 비겁(比劫)에 의존(依存)해야 한다. 독자노선은 걷지 마라.
항시 친구를 많이 사귀고, 자기의 동조세력을 형성한다. 정당이 존립하는 이유다.

◧ 사업(事業)을 한다면 어떨까?
사업을 한다는 것은 재(財)를 따르는 것인데, 재(財)의 속성은 재생관(財生官)이라 관리능력으로 이어지는데 일주(日柱)가 신약(身弱)하니 →그것이 내 마음대로 되지 않는다. 벌려놓아도 관리가 제대로 이루어지지가 않아 앞으로 남고, 뒤로 밑지는 장사가 되는 것이다.

♣ 예를 들어 경진(庚辰)운을 만난다면 어떻게 될까?
천간(天干)으로는 갑경(甲庚)-충(沖)이요, 지지(地支)로는 진술(辰戌)-충(沖)이라 일간(日干) 자체가 더욱 약해지니 간이 더욱 나빠지고, 천라지망살(天羅地亡殺)에→ 충(沖)이니 관재수(官災數)에 교통사고(交通事故)가 염려되는 것이다.

☻ 신월(申月)의 갑목(甲木)일간. ☻

甲	甲	壬	己
子	辰	申	卯

인수(印綬)➡왕(旺), 조후(調喉)가 부실(不實).

▣ 지지(地支)에 신자진(申子辰)하여 수국(水局)을 형성하고 있다.
삼합(三合)이라 그 기운이 왕(旺) 하다. 수목응결(水木凝結)로 이어진다.

● 인수(印綬)가 지나쳐서 항상 병(病)의 원인(原因)이 된다.

♣ 인수(印綬)는 공부, 지나치면 어떻게 될까?

☞ 평소에는 잘한다. 일등(一等)을 놓치지 않을
정도로 말이다. 그러나 결정적인 순간에 항상
패착이 따른다. 선두 자리를 하찮은
실수로 인하여, 즉 자만(自慢)하여 덤벙거리다
가 일등을 놓치는 것이다.

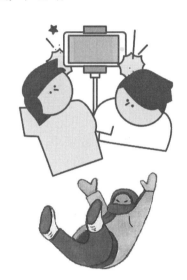

♣ 인수가 왕(旺) 하여 좋은데, 그것이 화근
(禍根)이다.

☞ 지나친 경우 이런 일이 꼭 생긴다. 사주가
신강(身强)하여 금(金)을 용신(用神)으로 쓸
수도 있지만 7월 장마라 음지(陰地)나무이다.

♣ 여름인데도 비만 계속이 되고 햇볕이 나는 날이 적다.
습기(濕氣)가 지나쳐 축축한 사주이다. 일조량이 부족하다.
빨리 볕이 들어 습기를 제거하여야 한다. 그러므로 화운(火運)이 와야 한다.

☞ 일지(日支)에 진토(辰土)를 놓고 있으므로 종교(宗敎)다.
　　진실한 종교인(宗敎人)도 된다.

☞ 술년(戌年)이 온다면 어떻게 될까?
　　진술(辰戌)➡충(沖)이라 종교(宗敎)에 문제가 생긴다. 그렇다면 개종(改宗)
을 하는 것이다.

☞ 재(財)➡토(土), 직업(職業)으로는 부동산과 연관된 직종이 어울린다.

소중하면 잘 간직하고 보존해야 한다.

☯ 오월(午月)의 미(未)-토(土) 일간(日干) ☯

○	木	丙	丁
酉	○	午	未

목(木)일주인데 화기(火氣)가 강하다.

☞   용신(用神)은 유금(酉金)이 된다.

➡ 목(木)일간의 경우 일반적으로, 금(金)을 용신(用神)으로 잘 쓰지 않는다. 특별한 경우를 제외하고는 사용을 별로 좋아하지 않는다.

이유는 상극(相剋)관계이기 때문인데, 대체적으로 다른 오행도 마찬가지다.

기본적인 DNA가 어울리지 않는다.

♣ 적을, 나를 못살게 구는 사람을 제일로 필요로 안하는 것은 당연하다. 그러나 꼭 필요한 경우는 어찌할 수가 없으니 그때는 제살태과의 경우인데 이때는 어쩔 수 없는 것이다.

♣ 불가분 적(敵)과의 동침(同寢)이다. 그런데 그 원인(原因)은 본인(本人)에게 있는 것이다. 스스로가 자제(自制)를 못하므로, 제어(制御)가 안 되니 할 수가 없는 것이다.

☯ 오월(午月) 경금(庚金)-일간(日干) ☯

丁	庚	庚	甲
亥	辰	午	申

☞ 목화(木火)가 필요(必要).

➡ 년간(年干)의 갑(甲)➜절지(絶地)에 있다.

갑경(甲庚)➜ 충(沖)을 당하여 아야 소리도 못하고 사라진다.

갑목(甲木)은 아버지인데 일찍 돌아가시는 것이요, 간(肝)에도 해당하는지라 간(肝)이 나빠서 돌아가신 것이요, 재(財)는 또 처(妻)에 해당이 되므로 결혼(結婚)한다 하여도, 그 여인 역시 간(肝) 계통에 이상이 있는 것이다.

♣ 일주(日柱)를 살펴보자.

☞ 경진(庚辰)-일주니 괴강(魁剛)이라 괴팍하고, 고집 또한 세다, 남에게 잘 굽히지 않고 까다롭다.

☞ 지지(地支)에 진해 귀문관을 놓고 있으므로. 비견(比肩)과 비겁(比劫) 또한 많아 남을 잘 믿으려 하지 않는다. 그러다보니 자신의 속마음을 열어놓고 이야기하는 면이 부족이라, 스트레스와 정신적인 면으로 항상 긴장하는 상태의 시간이 길어진다.

♣ 그러므로 자연 목화(木火) 쪽의
기관과 연관이 되어 항상 병(病)이 생길 수 있다. 금일주(金日柱)인데 금기(金氣)가 강하다 보니 자연 목화(木火)가 약하여 그 기운이 필요하다.

☞ 자극(刺戟)을 주어야하고, 사랑의 매가 필요한 것도 이 때문이다.

♣ 이 사주에서의 처방(處方) 법은 ?
금(金)을 제거, 기운을 감소시키는 것인데, 있는 것을 어찌 없애겠는가?
☞ 우회적(迂廻的)인 방법을 사용한다.
    이 사주에서는 인(寅)운이 오면 두 손을 들어 환영이다.
☞ 인오(寅午)➡화국(火局)을 이루고, 인해(寅亥)➡합(合)하여 목국(木局)을 이루고, 그러다보면 진해(辰亥) ➡ 귀문(鬼門)은 사라지고, 금(金) 또한 인신(寅申)➡충(沖)으로 세력을 어느 정도는 잠을 재우니 일거양득이다.

☯ **신월(申月)의 무토(戊土) 일간** ☯

○   戊   庚   戊
○   ○   申   寅   ☞ 천간(天干)의 같은 토(土)를 보자.

소중하면 잘 간직하고 보존해야 한다.

▶ 지지(地支)에서 인신(寅申)➡충(沖)으로 뿌리가 흔들리고 있다.

그런데 지지(地支)에서 인목(寅木)이 항상 목극토(木剋土)로 괴롭히고 있는 중이다. 간암(肝癌)으로 죽었다.

◆ 간의 역할과 지방간에 대하여 (참고 사항).

☞ 간질환의 종류
　지방간
　B형간염
　간경화

◆ 간경화(Liver cirrhosis, 간경변)란?

☞ 정상 간조직의 간세포가 지속적으로 파괴되고, 이에 따라 간에 섬유화 현상으로 표면이 울퉁불퉁 굳어지고 모양이 일그러지는 상태로 주로 40—50대 남성에게 발생한다.

☞ 간경화는 초기에는 특별한 증상이 없다가 진행이 많이 되어서야 조금씩 자각증상이 나타난다.

건강이란? 사주의 병을 찾아 예방하는 것이다.

☞ 간경화가 진행되면 전신의 피부가 점차로 검어지고 윤기가 없고, 안면, 어깨·복부에 붉은 실 같은 반점이 생긴다. 대표적인 증상으로는 전신 피로감, 식욕부진, 구역감, 식욕부진, 체중감소, 황달 등을 들 수 있다.

☞ 증상이 더욱 심해지면 복수가 차게 되어 배가 불룩하게 되고, 손바닥에 작은 홍색반점이 나타나기도 하는데 시간이 지나면서 생명을 위협하는 합병증이 발생한다.

☞ 간경화의 증상은 다양하다.

가장 흔한 원인은 간염 바이러스에 의한 감염(B형간염(60%), C형간염(20%))과 과도한 알코올 섭취에 의해 발생하는 간염이 있다.

☞ 그밖에 담도에 염증이 생겨 간으로부터의 담즙 흐름이 차단 돼서 간 조직에 손상을 주는 경우와 염증성 장 질환이 원인이 되는 경우, 담석에 의해 담도가 막힌 결과 간경화가 생길 수도 있다. 또한 혈색소증 같은 유전 질환도 원인이 될 수 있다.

☞ 간경화에 의한 간 손상은 회복이 불가능하다.

☞ 따라서 간경화 치료에 있어서 가장 중요한 것은 남아 있는 정상세포가 더 이상 경화를 일으키지 않도록 하는 것이다.

☞ 우선 건강한 식사와 운동으로 몸의 건강상태를 조절하고, 알코올성 간 경변 환자는 반드시 금주 하도록 한다. 또한 피로하지 않도록 휴식과 안정을 취하도록 하는데, 균형 잡힌 영양 섭취와 비타민류의 섭취도 중요하다.
부종이 나타나고 복수가 차게 되면 음식을 싱겁게 요리하여 먹는다.

♣ 간 경변은 간이 오랫동안 손상 받아 굳어지고 기능이 떨어진 상태. 원인은 B형 만성간염이 가장 많고, C형 만성간염, 과도한 음주 등이 흔하다.

◘ 간낭종

✻ 지방간(Fatty liver)이란?

☞ 지방의 과도한 섭취, 간 내 축적 및 합성 증가, 배출 감소 등의 원인이 되어 정상적인 지방대사가 이루어지지 못하여 지방이 전체 간 무게의 5% 이상을 차지하는 경우를 지방간이라고 한다.

☞ 간세포 속에 축적된 지방 자체는 간세포에는 큰 독성이 없어 심하지 않은 경우에는 증상이 없는 경우가 많고, 간 기능이 정상이거나 조금 저하되는 경우가 대부분이다.

소중하면 잘 간직하고 보존해야 한다.

☞ 지방간이 심해져서 간세포 속의 지방덩어리가 커지면 핵을 포함한 간세포의 기능이 저하되어, 그 결과 간세포는 산소와 영양공급을 적절히 받을 수 없어 간 기능이 저하된다.

☞ 지방간이 있는 사람은 대부분 외관상 건강해 보이며 별다른 증상이 없는 사람부터 피로감과 전신권태감, 또는 우상복부의 통증을 호소하는 등 다양하다.
☞ 만성 음주, 비만, 잘 조절되지 않는 당뇨병을 갖고 있거나, 영양섭취가 부족한 사람이 간의 크기가 커져 있으면서 간 기능에 약간의 이상이 있는 경우 지방간을 의심해 볼 수 있다.
☞ 지방간을 알 수 있는 검사법에는 간 기능 검사, 자기공명영상촬영, 컴퓨터단층 촬영, 초음파 등이 있으며 진단이 확실하지 않은 경우 간 조직 검사도 시행할 수 있다.

☞ 지방간의 흔한 원인은 비만, 과음, 당뇨병, 고지혈증(高脂血症) 등이다.

지방간이 장차 간경변증, 간암 등으로 악화되지 않을까 우려하는 경우가 많으나 알코올성 지방간을 제외하고 우리가 흔히 보는 지방간은 그런 병으로 이행하는 일이 거의 없다. 그러나 알코올성 지방간은 일부에서 만성간질환으로 진행할 수 있다.

♣ 지방간 치료는 주로 식이요법을 통해 이루어진다.
☞ 음주에 의한 알코올성 지방간이라면 ,우선 술을 끊고 영양 상태를 개선하는 것이 최선이다.
비만이 원인이라면 운동요법을 통해 체중을 줄여야 하며, 당뇨병이 원인인 경우에는 혈당을 잘 조절하여야 한다.
☞ 지방간을 유발하는 정도는 알코올의 종류보다는 섭취한 총 알코올의 양과 음주기간, 영양 상태와 깊은 관계가 있다.
☞ 음식의 경우 고지방, 저단백 식을 했을 때 지방간 생성이 악화된다.
따라서 적절한 영양섭취, 금주, 체중조절 등으로 지방간을 치료하도록 한다.

☞ 간에 병이 있으면 잘 먹고 잘 쉬어야 한다고 알려져 있지만, 지방간의 경우에는 그렇게 하면 상태가 더 심해지는 경우가 많다.

잘 먹고 잘 쉬어서 비만이 더 심해지는 경우, 혈당이 잘 조절되지 않는 경우, 지질이 정상으로 유지되지 않는 경우, 지방간이 더 심해지기 때문이다.

☞ 그러므로 지방간이 있으면서 고지혈증, 당뇨병, 비만인 사람들은 **적게 먹고 운동을 많이 해야 한다.**

♣ 술에 의한 간 손상의 가장 중요한 원인은 술 종류에 의해서가 아니라 **섭취한 알코올의 양에 의해서 결정된다.**

☞ 여성이 남성보다, 또 영양결핍이 있는 경우 및 B형, C형 간염이 있는 경우가 술에 의한 간경변증으로 더 쉽게 진행될 수 있다. 알코올에 의한 간질환은 지방간(fatty liver), 간염(alcoholic hepatitis), 간경변 (alcoholiccirrhosis)등 3개의 조직학적 병기로 나눈다.

◈ 간, 신장, 방광에 좋은 약용식물

허깨나무(지구자), 측백나무, 동백나무겨우살이,

참마, 오미자, 까마중(용규), 꼭두서니

광나무,민들레,노나무,용담,홍경천,찔레나무열매(영실),당귀,

복분자, 산딸기주, 감잎차

도화자, 뽕나무, 질경이, 익모초, 가시오가피, 꾸지뽕나무, 오디주,

인동덩굴, 산수유, 고사리

산둥굴레, 두충나무, 지구자과경(헛개나무),

굼벵이, 와송(바위솔).

일엽초, 노봉방(왕태벌집)

산잔대, 백봉령, 참가시나무, 으름덩굴, 천삼, 산작약,

삼지구엽초(음양곽), 지치 엄나무

비어 있으면 안 되고, 너무 꽉 차도 안 되는 것.

9. 위장질환(胃腸疾患)

♣ 위장질환의 종류

구토   기능성 소화불량   소화불량
소화성 궤양   역류성 식도염   연하곤란
위경련   위궤양   위식도 역류질환

♣ 내과질환으로서 위와 연관된 부분을 위주로 하고
　오행상으로는 토(土)와 연관된 부분이 된다.

◪ 위장병을 분석하는 방법.

♣ 토일주가 → 허약(虛弱) 할 때 위장에 병이 온다.
♣ 토일주에 → 화토(火土)가 많아도 병의 원인이 된다.
◪ 토(土)가 → 충, 형을 받으면 위 질환으로 수술을 받아본다.
토(土)는 위장, → 극하는 것은 → 목(木)이다.
그런데 극하는 목의 기운이 강하여 심하게 압박을 받을 경우, 토(土)는 제 기
능을 상실하게 되어 병(病)이 생기게 되는데 신경성으로도 오고, 위산(胃酸)이
과다(過多)하여 오기도 하고, 위가 헐어 염증(炎症)이 생기면서 생기기도 한다.
♣토(土)일주에 화토(火土)가 많아 토(土)의 기운이 왕(旺) 하여지면 → 다자
무자의 원리로 병이 생기는데 기운이 너무 왕 하다 보니 위가 확장이 되어 운
동을 안 하게 된다. 그리하여 생기는 것이 위 무력증이다.
♣ 토(土) 일주가 금(金)이 많을 때는 어떨까?
☞ 금(金)이 너무 많으면 토(土)가 기진맥진이다.
기운도 없는 주제에 지나치게 생(生)을 하여준다고, 설기(泄氣)를 심하게 하니
기력(氣力)이 없어서 제자리도 못 지키고 자꾸 쳐져서 내려가게 된다.
이것이 위하수이다.

♣ 수(水)가 왕(旺) 하면 어떨까?

☞ 수(水)가 왕(旺) 하면 ➡ 지나치게 스치면서 흐르니 위벽이 자꾸만 쓸려서 상하게 된다. 위벽에 이상이 생기게 되는 것이다.

상처가 나서 염증이 생기는 것이다. ➡ 위궤양으로 이어진다.

♣ 財多身弱者(재다신약자)도 위에 병이 생긴다.

☞ 재(財)는 음식이다. 음식은 많은데 그것을 다 소화시키지를 못하므로 인하여 생기는 것이다. (재살(財殺)이 많은 사주는 버리는 것이 많다.)

욕심(慾心)은 많아서 받기는 다 받아 놓았는데, 처치 곤란이다.

♣ 토(土)가 지나치게 왕(旺) 하면 ➡ 암에 걸릴 확률이 높다.

☞ 너무 많으니 자꾸만 쌓이고 ,그것이 퇴적이 되어 단단하여지니 시간이 흐르면 굳어져서 결국은 돌덩이로 변하는 것이다.(그래서 조기진단이 필요.)

♣ 재살(財殺)이 지나치게 많아 ➡ 일주가 신약할 경우.

  관살(官殺)이 지나치게 많아 ➡ 일주가 신약할 경우.

☞ 일주가 신약하므로 매사 의욕도 떨어지고, 주눅이 들어 무엇 하나 시원하게 처리하는 모양을 보기가 힘들어진다. 협심증에 초조하고, 불안하여 심리적으로도 안정감을 찾기가 힘들어진다.

♣ 형(刑), 충(沖)을 받으면 어떨까?

☞ 대개가 수술(手術)로 많이 이어진다.

위경련, 장 파열, 맹장수술로도 연결된다.

♣ 수술도 신약(身弱)일 경우 ➡ 후유증을 조심하여야 한다.

☞ 사주가 신강 할 경우는 충분히 버티는데, 신약일 경우, 후유증이 생기고 수술시 마취도 오래간다. 수술은 자꾸 오래, 많이 받으면 기억력, 사고력이 많이 감퇴가 된다. 이유는 항시 마취를 시켜 신경을 둔화시키므로 자연 그리되는 것이다. 직종에 따른 차이도 있겠지만 휴식의 시간이 중요한 것도 잊지 말자.

비어 있으면 안 되고, 너무 꽉 차도 안 되는 것.

♣ 운(運)에서 오는 기운(氣運)의 차이

☞ 운도 운 나름이다. 특히 편관 운에는 기억력이라든가, 건강의 회복도 이상할 정도로 더 늦어진다.

♣ 오행 상 토(土)는 ➜ 중앙(中央)이요, 중화(中和)요 근원지(根源地)다.

오장육부를 연결 시켜주고 모든 기능의 중화작용을 하는 역할을 한다.

☞ 토(土)일주가 허약하여 위기능이 약화되면서, 인체의 중간부분을 차지하는 허리까지 약해지는 결과가 나온다.

☯ **해월(亥月)의 무토(戊土) 일간(日干).**☯

乙 戊 辛 丁
卯 寅 亥 亥   ☞   수목(水木)이 왕(旺)한 사주이다.

▶ 재살(財殺)이 태왕한 사주인데, ➜ 무인(戊寅) 일주는 종(從)을 안한다.

☞ 관살(官殺)인 목(木)이 많아서 ➜ 위산과다로 고생을 하는 사주이다.

음식을 섭취하여도 소화능력이 뒷받침이 안 되어서 고생을 하는 사주.

☞ 음식을 먹어도 체하기도 잘하고, 트름도 심하고, 마치 되새김 하는 기분인 것이다. 신경성 위장병에 허리통증 또한 심하고, 건강 면에서는 고통이 많은 편이다.

☞ 재살(財殺)이 태왕(太旺)이니 삶도 힘든 삶이다.

☞ 목극토(木剋土)를 지나치게 받고 있어서 기본 체력도 떨어진다.

　　재주도 시원치가 않아 ➜ 능력의 부족이다.

☞ 재(財)와 관(官)이 있어도 나의 것이 못된다.

인수(印綬)와 식상(食傷) 기운도 쇠진하여 재주도 배움도 부족하니 무엇을 하며 살아야 할 것인가?

일간의 뿌리도 찾기 힘들고 근본도 허약하다.

토(土)일주의 재살태왕(財殺太旺)은 목(木)인 관살(官殺)에 의하여 지배를 받으므로 호상(好喪)소리 듣기는 어려운 것이다.

☞ 횡사(橫死)로 연결되는 것이다.

♣ 의지(依持)할 곳도, 뿌리도 없으니, 세상사
는 것이 재미도 없고 낙(樂)도 없는 것이다. 이
래도 한 세상, 저래도 한 세상,
돈도 명예(名譽)도 사랑도 다 싫다.
자포자기(自暴自棄)의 생을 보내는 사주다.
☞ 심할 경우 막가파식의 삶을 사는 수도 있는
것이다. 기운이 약하면 종(從)해야 하는데 종
(從)하지도 않으니 어디 가서 대접도 못 받고
사는 인생(人生)이다.

♣ 약물중독이 되면 제일 먼저 반응이 어디에서 오는가?

☞ 혀끝에서 반응이 제일 먼저 온다.

혀끝이 굳어서 말이 안 나오는 것이다.

♣ 몸이 지나치게 허약한 사람은 약발도 안 받는다.

◠ 해월(亥月)의 무토(戊土) 일간(日干).◠

癸　戊　癸　癸
亥　戌　亥　亥　　☞ 수다토류(水多土流)의 사주.

▣ 물이 지나치게 왕양하여 흙이 다 휩쓸려 내려간다.
☞ 위궤양 환자이다. 앞과 뒤로 물이 가로 막혀
땅이 잘 보이지가 않는다. 섬이다. 주변에
작은 섬도 없고 외로이 홀로 있는 섬 이다.
마치 모세의 기적을 연상하도록 하는 사주이다.

♣ 무계(戊癸) ➔ 합(合)을 이루고 있다.
결국은 나의 것이 아니고, 여자의 것이다.
왜 여자의 것이 될까? 무계➔합을 하여 화(火)
가 되는데 화(火)는 계수(癸水)인 여자에게는
재(財)➔결국은 여자의 것이 아닌가?

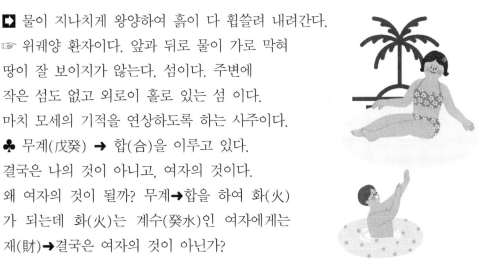

비어 있으면 안 되고, 너무 꽉 차도 안 되는 것.

♣ 결국 여자 덕(德)으로 먹고 산다는 의미(意味).

이 사주는 지나치게 물이 왕 하여 ➡ 결국 죽음도 물로 인하여 죽으니 수귀(水鬼)에 의한 죽음이다.

☞ 일종의 횡사(橫死)이다. 개날에 태어났으니 개죽음 이다.

☯ 인월(寅月)의 기토(己土) 일간(日干)이다. ☯ ━━━━━━━

癸　己　丙　甲
酉　卯　寅　子　　☞ 목(木)인 관살(官殺)이 왕(旺) 하다.

▣ 여자(女子)의 경우로 보자.
☞ 여자의 경우라면 묘유(卯酉)➡충(沖)이라 자궁폐쇄증이다.
고로 관살(官殺)이 많아도 바람둥이는 아니다.

☞ 인묘(寅卯)➡목국(木局)에 묘유(卯酉)➡충(沖)이라, 기(己)토 본인도 간접적(間接的)인 여파는 있다.

●어찌 보면 목(木)이 많아서 간(肝) 수술을 받아야 할 것 같으나 오히려 위(胃) 수술이다.

☞ 기토(己土)가 뿌리가 없어 화생토(火生土)를 해주어도 밑 빠진 독에 물붓기다.

●재살태왕(財殺太旺)격으로 파격(破格) 사주.
토(土)로서의 기본 임무인 토생금(土生金)을 할 수가 없다.

♣ 시간(時間)을 보면 해가 넘어가는 저녁인 유시(酉時)다.
☞ 천간(天干)으로는 계수(癸水)이니 수(水)는 어둠이요, 암흑(暗黑)이라 앞이 보이지가 않는다.
어찌하여야 할지를 모르는 것이다.

☞ 갈 길은 먼데 해는 저물고, 앞으로 갈 일이 암담한 것이다.

　중요한 것은 본인의 내실을 다지는 것이요, 건강을 지키는 것이다.

♣ 토(土)가 약하면 비위(脾胃)가 약하여 멀미를 잘한다.

위병 또한 따라가는 것이고, 어디 장거리 여행을 가는 것도 곤욕이다. 앉아도 앞자리에 앉아야 한다. 그것도 자가용으로 말이다.

♣ 신생아의 사주에서 인수(印綬)가 안 보이면 ➜ 엄마의 젖이 모자란다.

또한 사주가 약하면 젖을 먹여도 시간을 맞추어서 꼭 꼭 먹여라.

☞ 인수(印綬)가 안 보인다고 엄마가 젖이 무조건 하나도 없는 것은 아니다.

관(官)이 튼튼하여 인수를 잘 생(生)한다면, 어느 정도는 신경을 안 써도 되고, 운(運)에서 인수 운이나 견겁 운이면 괜찮다.

　☞ 그런데 인수가 안 보이는 경우는 아이가 젖을 그렇게 오래 먹지 않는다. 희한하게도 자기가 알아서 젖을 금방 뗀다.

또 특이한 것은 인수가 안 보이는 아이는 우유를 늦게 까지 먹는다.

강제로 일찍 떼려고 하지를 말아야 한다.

♣ 아이의 경우 몇 개월 지난 후 이 습성을 보고 구별을 할 수가 있다.

우유를 늦게까지 먹는 아이들을 보면 엄마도 좋아하지만, 아빠를 유난히 따른다. 이런 경우 혹시 소화기 계통에 이상이 있나하고 걱정 할 필요가 없다.

☞ 대체적으로 정(情)도 많고, 재능이 풍부한 어린이가 많다.

☯ **사주의 예** ☯

乙	甲	甲	○	갑목(甲木)일간(日干), 무인년이라면?
○	○	○	○	☞ 견겁이 지나쳐 군겁쟁재(群劫爭財)가 발생.

비어 있으면 안 되고, 너무 꽉 차도 안 되는 것.

➡ 돈 날아가고, 위장병에 이래저래 고통의 연속인 해당 년(年)이다.

　이 경우는 운(運)에서 오는 병(病)이다.

☞ 운(運)이 흐르고 나면 병(病)이 낫는다.

◉ 구토(Vomiting)란?

☞ 위장 속 음식물 및 위장액 등이 식도와 입을 거쳐 갑자기 입 밖으로 나오는 현상이다. 장과 위가 연결된 통로를 막히고, 입으로 향하는 위의 입구가 열리면서 동시에 횡격막과 복근이 강하게 수축해 나오는 원리다.

☞ 토(吐)한 내용물에는 위액, 혈액, 음식물의 잔재가 있으며 때로는 담즙, 장속의 음식물이 섞일 때도 있다.

☞ 증상(症狀)을 살펴보자.

☞ 연수중추의 자극이나 다른 장기의 질환에 의해 반사적으로 일어나는 경우가 대부분이다. 구토가 일어나기 전 두통이나 복부의 불편감 등 불쾌감이 생긴다. 호흡이나 맥박 이상, 타액(唾液)이나 식은 땀 분비 증상도 동반한다.

◉ 기능성 소화불량(消化不良)이란?

☞ 특별한 위장 질환이 없는데도 걸핏하면 속이 쓰리고 더부룩한 증상을 기능성 소화불량(消化不良)이라고 한다.

☞ 증상(症狀)은 사람마다 차이가 있으며 증상의 정도에 따라서 매우 다양하다. 일반적으로 상복부에 느껴지는 불쾌감을 말하며, 가슴이 답답하고 속이 더부룩하며 소화가 잘 안 되고 트림을 자주 한다.

또한 복통, 조기 포만감, 조기 만복감, 트림, 복부 팽만감, 구역, 속쓰림 등과 같은 증상이 동반된다.

☞ 대개 증상을 주기적(週期的) 또는 지속적(持續的)으로 호소하면서 호전과

악화를 반복(反復)하는데 몇 주 동안 증상이 없다가 몇 주에서 몇 개월 동안 증상이 다시 지속되기도 한다.

◆ 소화불량

♣ 소화불량(dyspepsia)이란?
☞ 특별한 원인 없이 상복부 불쾌감 또는 통증이 반복되는 증상을 일컫는데, 아직 병태생리가 확실히 밝혀져 있지 않다.
☞ 유병 율 약 25%로 추정되는 흔한 질환으로서, 사회적 스트레스가 많아짐에 따라 더욱 증가하고 있다.
☞ 식후 포만감, 식욕부진, 복부 팽만감, 조기 포만감, 트림, 상 복부 불쾌감 또는 통증, 속 쓰림, 오심(메스꺼움), 구토, 위산 역류, 가슴앓이 (heartburn) 등의 증세가 나타난다.

◆ 소화성 궤양?
☞ 위(胃)나 십이지장(十二指腸)의 점막 층이 둥그렇게 또는 선 모양으로 근육 층에까지 파여 있는 상태를 말한다.

♣ 위가 헐었다고 하면 이를 궤양(潰瘍)이라고 생각하는 사람이 많지만, 궤양은 단순히 위 점막이 헐은 게 아니라 제법 깊은 구멍이 나 있는 상태다.
☞ 위에 구멍을 내는 것은 위산, 펩신, 담 즙산, 췌장효소 등과 같은 우리 몸에서 정상적으로 분비되는 것들이다.
☞ 평상시엔 위 점액이나 위 점막에서 분비되는 프로스타 글라딘 등이 위산 등으로부터 위 벽을 방어하고 있다.

그런 어떤 이유로 위산 등의 공격력이 점액 등의 방어력보다 훨씬 강해질 때, 또는 공격력은 그대로인데 방어력이 약해졌을 때 궤양이 초래된다.
이처럼 공격력 대 방어의 균형을 깨뜨려 궤양을 일으키는 요인으로는 헬리코박

비어 있으면 안 되고, 너무 꽉 차도 안 되는 것.

터파일로리균, 아스피린 등 비스테로이드성 소염제, 담배나 커피등 기호품, 스트레스, 유전적 소인 등이다.

☞ 일반적으로 배에 심한 통증이 일어나고, 명치 부위가 쓰리고 체중이 감소(減少)한다.

☞ 십이지장궤양은 공복 시에 통증이 나타났다가 밥을 먹으면 사라지는데 위궤양은 밥을 먹으면서 통증이 시작되거나 더 악화되기도 한다. 또 구역질, 구토 등의 증세가 나타나기도 한다.

십이지장궤양 환자의 경우 대개 식욕이 좋지만 위궤양 환자의 40%는 식욕 부진으로 체중이 감소한다.

☞ 합병증으로 장출혈이 일어나면 대변이 검은색이며 변비가 생길 수 있다.

◆ 역류성식도염(reflux esophagitis) 이란?
위액이 식도로 역류하여 식도 점막에 궤양과 출혈을 일으키는 질환.

◉ 증상(症狀)
☞ 식후 약 30분 이내에 가슴의 흉골 뒤쪽에 뜨겁거나 쓰라린 통증과 불쾌감을 느끼게 되는데, 식도 점막까지 역류한 위의 내용물이 접촉하여 생긴다.

이로 인하여 미란·궤양 등을 일으켜 식도가 영구적으로 좁아지거나 출혈을 일으킬 수도 있으며, 조직이 변하여 바렛(barretts) 식도가 생길 수도 있다.

이 경우에는 나중에 식도암으로 진행할 수도 있으므로 1년에 한 번 위내시경 검사를 받아야 한다.

☞ 진단은 역류의 존재와 정도를 파악하고 역류물의 성질과 원인을 알아내기 위하여 상부소화관 조영제 검사, 식도 내시경 검사, 식도 내 암-검사, 식도의 24시간 보행성 산도측정 검사 등을 실시한다.

☞ 이 중 24시간 보행성 산도측정 검사는 비정상적인 역류를 가려낼 수 있는 가장 정확한 검사법이다

◘ 연하곤란 (dysphagia) 이란?

음식물이 입에서부터 위로 통과하는데 장애를 받는 느낌이 있는 증세. 삼킴 장애라고도 한다.

☞ 음식물을 삼키기 힘든 증세이다.
음식물을 삼켜서 내려가는 과정에서 바로 걸린 것처럼 느껴진다. 음식을 먹고 시간이 조금 지난 뒤에 목이나 가슴에 덩어리 같은 것이 걸린 듯이 느껴지는 상태는 연하곤란이 아니다.

☞ 식도가 완전히 막히면 삼킬 수 없는 상태가 되기도 하고, 삼킬 때의 통증으로 이 증세가 나타나기도 한다. 때로는 목에 덩어리가 걸린 것 같지만 삼키는 데는 이상이 없는 경우도 있다. 연하곤란에는 음식이 너무 크거나 식도가 좁아서 생기는 기계적 연하곤란과 연동운동이 잘 이루어지지 않아서 생기는 운동성 연하곤란이 있다.

☞ 기계적 연하곤란의 주요 원인으로는 염증, 주변 조직이 부어서 협착(狹窄)이 생긴 경우, 궤양이 있은 뒤에 협착이 나타난 경우, 악성종양·양성 종양 등과 선천적인 구조 이상 등이 있다.

☞ 드물지만 물 없이 약을 삼키다가 협착이 일어나기도 하고, 방사선 치료도 협착의 원인이 된다. 운동성 연하곤란의 원인으로 인두나 식도의 근육, 신경질환 등을 들 수 있다. 모든 연령층에서 나타날 수 있는데, 특히 고령층에게 많다

◉ 위암 (Stomach cancer) 이란?
☞ 위암은 위의 내면 점막에서 발생하는 선암으로, 일반적으로 위 점막 세포가 끊임없이 자극과 손상을 받아 위 점막이 위축되거나(만성 위축성 위염), 위 점

비어 있으면 안 되고, 너무 꽉 차도 안 되는 것.

막 세포가 소장이나 대장의 점막 세포와 비슷한 모양으로 바뀌거나(장상피화생), 위에 생긴 양성 종양세포가 점점 암세포를 닮아가는 단계를 거쳐 위암으로 발전한다.

♣ 짜고 매운 음식, 불에 탄 음식, 뜨거운 음식을 좋아하거나 잦은 회식이나 폭음, 흡연, 심한 스트레스는 위암 발병과 관계가 있다.

헬리코-박터-파일로리균 감염자의 1–2%도 만성 위염을 거쳐 위암으로 발전한다. 또한 전체 위암 환자의 10% 정도는 가족력이 있다.

가족력이 있다는 말은 유난히 위암에 잘 걸리는 집안이 있다는 것으로, 직계가족 중 2명 이상 환자가 있을 때 "가족력이 있다." 말한다. 그밖에 자신의 생활습관과는 무관한 유전적인 이유가 있다. 모든 암이 그렇지만 위암은 특히 '2차 예방'이 훨씬 중요하다.

암(癌)은 조기에 발견하고 치료하는 것이다.

☞ 위암은 1기에 발견되면 95% 이상, 3기 초 에만 발견돼도 60% 정도 완치되지만 암세포가 온몸에 전이된 도 못하고 목숨을 잃는 경우가 많기 때문이다.

☞ 위암 초기에는 거의 증세가 없거나 있어도 모호하다.

그러나 일반적으로 나타나는 증상을 살펴보면 초기 위암의 경우 윗배가 더부룩하고 식욕이 떨어지면서 육식을 싫어하는 증상을 보인다.

매스꺼움을 느끼거나, 힘든 일이 없는데도 기운이 없고 피로하며 속이 명치
부터 불편하거나 가끔씩 아프면 검사를 받아보도록 한다.

특히, 위궤양을 앓았던 사람의 경우 음식을 먹거나 안 먹거나 속이 불편하고 일반 제산제(노루모, 큐란 같은 약물)나 약물을 복용해도 효과 없이 속이 불편하면 검사를 받는 것이 좋다.

♣ 평소 만성위염증이 있는 사람에게 증상이 심해지거나 다른 증상이 나타날 때도 정밀 검사를 받도록 한다.

☞ 위암이 진행되면 협착이나 궤양 등이 발생하게 되며, 이에 따라 구토, 연하곤란, 토혈, 흑변, 흑색혈변, 종양촉지, 설사, 영양실조 등의 증세로 발전하게 된다.

◉ 위암은 초기에 발견하여 치료를 받는 것이 이상적인데, 방치하면 주위의 조직에 장애를 줄 뿐만 아니라 혈액이나 림프액의 흐름을 타고 다른 장기로 전이한다. 그 결과 저 단백혈증, 탈수증세, 빈혈을 일으켜 전신 상태가 몹시 나빠지고, 간장이나 신장의 장애를 일으키게 된다.

◈ **항암효과가 뛰어난 약용식물**

겨우살이, 까마중, 꾸지뽕나무, 녹나무,
느릅나무, 등나무,
 백초삿갓나물,
조릿대 지치 짚신나물

꾸찌뽕 나무

느릎 나무

까마중

10. 피부(皮膚), 비뇨기(泌尿器)-질환(疾患)

♣ 피부(皮膚)는 ➜ 금(金)에 해당이 되고,
비뇨기(泌尿器)는 ➜ 수(水)와 연관이 된다.

☞ 금(金)과 수(水)는 같은 음(陰)으로 공존(共存)의 역할이 되고 일맥상통(一脈相通)하는 것이다.
☞ 피부(皮膚)와 연관된 곳은 피부과, 성형외과, 피부미용, 맛사지, 클리닉등 많으나 병과 다루는 것이므로 피부질환을 위주로 하여 살피고, 수(水)는 자체가 물이라 배설이요, 생식기와 연결이 되므로 비뇨기 계통으로 분류한다.

◘ 금수(金水)가 허약(虛弱)한 경우.

금수(金水)가 허약하다 함은 목화(木火)가 강하다는 이야기도 된다. 음(陰)의 기운이 약(弱)하고 양(陽)의 기운이 강하다.
금(金)은 피부(皮膚)이므로 화기(火氣)가 강하면 피부(皮膚)➜금(金)이 녹아버리므로, 피부가 쉬 물집이 생기고, 종기, 두드러기 같은 것이 잘 생긴다.

보슬비가 따뜻하네?

♣ 피부(皮膚)가 허약(虛弱)하여 생기는 현상(現狀).
우리가 이야기하는 습진은 습진성 피부염인데, 가장 흔한 피부 질환 중의 하나로 외인성 및 내인성의 다양한 요인에 의하여 발생하는 피부의 염증반응을 말하는데, 대부분 그 원인을 밝히기 어려운 경우가 많다.

☞ 아울러 금(金)이 약하면 금생수(金生水)를 못하니 수(水) 역시 약해진다.
수(水)가 약한데 화토(火土)가 강하면 수(水)는 양면(兩面)으로 공격(攻擊)을 받으니 꼼짝 못한다.

☞ 제 기능을 십분 발휘하지 못한다. 그로 인하여 고환, 방광, 생식기, 등 비뇨기질환이 생기는 것이다.

♣ 어떤 일주(日柱)이던 일단 신약(身弱)하여 허약(虛弱)하면 스스로의 의지대로 통제가 잘 되지가 않는다. 곧 자율신경(自律神經)과 교감신경(交感神經)이 말을 듣지 않는다는 설명이다.

☞ 대게 어린 시절 오줌을 싸는 경우가 그 중의 한 가지인데, 건강상태를 보는 커다란 방법 중의 하나로 부모의 입장에서 자녀에 대한 사랑이야 누구든 다 각별하겠지만 건강(健康)도 그렇고, 성향(性向)도 그렇다는 것을 일찍이 파악을 할 수가 있다.

☞ 그냥 어린 시절이니 하고 넘어가는 것이 아니라 잘 체크하여 두는 것이 그 자녀의 장래를 생각하는 마음일 것이다. 평소 안 그랬는데 갑자기 그런다 하면 환경의 변화라든가 여러 가지를 살펴야 한다.

♣ 아토피피부염

☞ 아토피(atopic)란 알레르기 반응을 일으키게 하는 면역물질 (면역 글로불린-E) 을 쉽게 형성함으로써 천식, 고초열, 알레르기성비염, 아토피피부염 등을 잘 일으키는 유전적 경향.

♣ 아토피 피부염 치료에 있어서 목표 및 피부염의 완화이다.
☞ 심한 가려움증은 학습 및 작업능률의 저하, 환경적응 능력 및 활동력 감소, 불면증, 정서장애 등을 초래할 수 있으며 심한 피부염으로 인한 피부미관의 손상은 정상적인 대인관계에 지장을 주거나 특히, 사춘기 환자에게 있어 자아형성에 악영향을 미칠 수 있다.

♣ 아토피 체질을 근본적으로 교정할 수는 없으므로 아토피 피부염은 치료가 힘들긴 하지만 그렇다고 해서 이 질환을 치료할 수 없다는 말은 아니다.

힘들어도 감춰지는 부분들의 이야기다.

☞ 즉, 아토피 피부염은 흔히 재발하며 만성화 되므로 완치를 목표로 하기 보다는 유발인자를 피하고 적절한 치료를 통해 관리, 혹은 조절해나가는 질병이라고 할 수 있겠다.

♣ 치료법

☞ 모든 알레르기가 그렇듯이 아토피 피부염의 치료도 증상 치료, 소염제의사용, 합병증의 치료로 구성된다.

☞ 아토피 피부염은 긁지만 않으면 호전된다고 할 정도로, 긁는 자극이 증상의 악화에 매우 중요한 역할을 하고 있다.

☞ 아토피 피부염 환자의 특징은 선천적으로 가려움증에 대한 역치 (견디는 한계)가 비정상적으로 낮은 것이라고 할 수 있다. 남들에 비하여 가려움증이 잘 느낀다고 할 수 있겠다. 피부 발진이 나타나서 가려운 경우도 있지만, 가려움증 때문에 긁다가 여러 가지 피부증상이 나타나는 경우가 많다.

☞ 따라서 치료의 궁극적인 목표는, 가렵지 않게 하는 것이며 이를 위해 대부분의 경우 항-이스타민제를 전신 투여하여 가려운 증상을 경감시킨다.

♣ 金水冷寒(금수냉한)의 경우.

금수냉한(金水冷寒)이라 하면 사주자체가 꽁꽁 얼어있다는 설명.

☞ 자율신경의 마비 즉 굳어있는 상태이므로 야뇨증, 발기 장해, 불감증, 냉증, 대하증, 생리불순 자궁폐쇄증 기타 여러 가지로 볼 수가 있다.

♣ 수(水)일주에 화(火)가 많음으로 인하여 생기는 증상.

수(水)일주에 화(火)가 많으면 물로써 물을 끓이는 형상이라, 물이 끓어 수증기로 증발(蒸發)을 하여 식어서 다시 물방울로 떨어지는 형상이니, 자연 발생적으로 이어진다. 곧 야뇨증(夜尿症)이다.

♣ 사주(四柱)가 아주 신약(身弱)한 경우.

야뇨증(夜尿症)이 없다하더라도 조금만 참으면 되는데, 그것을 못 참는다고 야단을 치는 경우를 보는데, 그것 또한 신약(身弱)하여 자율신경(自律神經)이 조절(調節)이 잘 안 되는 것이다.

☯ 축(丑)월의 신(辛)금 일간(日干) ☯

○　辛　○　辛

子　丑　丑　丑　　☞ 지지(地支)에 수국(水局)을 형성(形成).

➡ 완전히 금수냉한(金水冷寒)의 사주(四柱)이다.

남자(男子)일 경우는 어떨까?

지지(地支)를 살펴보자. 동지섣달이다. 아주 추운 겨울이다.

일 년 중 제일 추울 때가 아닌가?

성기능에도 문제가 있는 것이다.

♣ 금수냉한(金水冷寒)일 때 비뇨기(泌尿器)가 언급이 되면 항상 빠지지 않는 것이 있다. 그것은 도화(桃花)형, 곤랑-도화 이다.

♣ 挑花刑(도화형)이란 글자 그대로 도화(桃花)에 형(刑)이 임하는 것.

☞ 도화(桃花)란 쉽게 이야기 하면 바람을 피우는 것이요, 이성관계가 복잡한 것이다. 滾浪挑花(곤랑도화)란 천간(天干)으로는 합(合)이요, 지지(地支)로는 형(刑)을 이루는 것을 말하는데, 子卯(자묘)-형(刑) 하나 뿐 이다.

辛 ↔ 丙------천간 합　　　　甲 ↔ 己------천간 합
卯 ↔ 子------지지 형　　　　子 ↔ 卯------지지 형

　　　　　　　　　힘들어도 감춰지는 부분들의 이야기다.

⬆ 이러한 사주 소유자의 특징은 동상(凍傷)에 잘 걸린다.

가뜩이나 냉(冷)한데 환경이 추우면 ➜ 냉이 더 빨라진다.

고로 동상(凍傷)도 다른 사람보다 더 잘 걸린다. 추위도 더 잘 타게 되고.

♣ 천간(天干)으로 합(合)이라 함은 ➜ 겉으로는 좋은 것이다.

외관상(外觀上) 말이다. 남 보기는 그림이 아주 그럴 듯한데 지지(地支)로 형(刑)이라 지지고 볶고 싸우는 형상이라 무엇인가 탈이 난 것이다. 좋은데 싸울 이유가 없을 터인데 말이다.

☞ 병(病)으로 연결 시켜보면 ➜ 답이 나오는 것이다.

♣ 남자든 여자든 사주가 강하여 腎氣(신기)가 강하면 저항력(抵抗力) 또한 강하여 똑같이 성관계를 맺어도 한 사람은 걸리고, 한 사람은 안 걸리는 것이다.

이것이 신약과 신강(身强)의 차이(差異)다.

☞ 남녀 모두 사주가 허약하면 성에는 (밤이 무섭다.)로 보면 된다.

☞ 남녀(男女)가 ➜ 동일(同一)로 보면 된다.

　샤워하는 물소리만 들려도 기가 죽는다.

◉ 여기에서 주의(注意) 할 것이 있다.

●財多身弱(재다신약)의 경우인데 이 역시 사주가 신약한 것은 틀림없다.

그러나 이 경우는 문제가 달라진다.

☞ 재(財)➜남자(男子)의 경우 ➜ 여자(女子)
인데, 많은 여자를 거쳐보니 경험도 많이 생길
것 이고, 자연 성(性)에 대한 감각 및 능력이
있어야 한다.

♣ 자연 性(성)에는 일가견(一家見)이 있다고
본다.

성(性)에 대한 욕구(慾求)가 강(强)하다 본다.

➜ 여기에서 화(火)일주는 열외(列外)이다. ➜
탁상행정? 그렇지만도 않다.

☯ 오월(午月)의 임수(壬水)일간(日干) ☯

○	壬	○	○
申	午	午	午

☞ 시지(時支)의 신금(申金)이 그래도 살려준다.

◪ 임수(壬水) 일간(日干)인데, 지지(地支)에 재(財)가 많다.

재다신약(財多身弱)으로 사주(四柱)가 매우 신약(身弱)한 편이다. 살면서 애로사항이 많고 기복도 심하다. 그러나 한 가지 복은, 많은 여자를 거친다. 금전도 손에 여러 번 기회를 맞지만 번번이 그 기회를 놓친다.

♣ 인수(印綬)다봉자는 包經(포경)이다.

◪ 인수(印綬)라 함은 의류, 옷을 말하는데, 인체(人體)에서 의류는 표피(表皮)라 즉 살의 껍질 부분,

이것이 많으면 포경수술을 받아야 한다.

신생아(新生兒)의 경우 가능한 일찍 수술(手術)을 하는 것이 좋다.

그런데 꼭 그렇지만도 않다고 한다.

☯ 오월(午月) 경(庚)금 일간, ☯

○	庚	丙	○
酉	寅	午	○

목화(木火)가 강(强)하다.

☞ 신약(身弱) 사주, 피부(皮膚)가 약하다.

乙	庚	戊	戊
酉	寅	午	寅

경(庚)금 일간, 지지(地支) 화국(火局)이다.

☞ 쇠가 불에 달구어진 형국이다.

힘들어도 감춰지는 부분들의 이야기다.

▣ 건성(乾性)피부의 소유자인데 종기(腫氣)가 잘나고, 오갈병에 치아(齒牙)도 나쁘다. 재가 왕 하여 재살태왕(財殺太旺)인데 전선(電線)에 비하여 전압(電壓)이 높다. 과부화가 생긴다. 뇌일혈(腦溢血)의 위험이 높다.

♣ 양(陽)의 기운이 지나치게 강(强)하다.

　음(陰)의 기운이 필요(必要)한 사주. 집 안에 소형 분수대를 설치하라.

♣ 사주에 재(財)가 많은데, 인유 귀문관(鬼門關)이라 처와의 사이가 불편하다. 집토끼는 관심이 없고, 나이어린 산토끼에만 관심이 있구나, 그것도 　　남편(男便)이 있는 여자인데, 다 내가 하면 사랑인가 보다.

☞ 나이 들어서는 누구나 그러하겠지만 특히 관절염(關節炎)에 골다공증(骨多孔症)이 염려된다. 금(金)은 뼈이고, 화(火)는 염(炎)이니 관절염(關節炎)이 되고, 심하게 되면 걷는 것조차 불편하게 된다.

☞ 식상(食傷)이 없으니 능력(能力) 부족(不足)이요, 금일주(金日柱)라 책임감(責任感)은 있고, 사주(四柱)가 약(弱)하니 사업(事業)은 금물(禁物)이다. 욕심(慾心) 부리다 망망——

☯ 자(子)월 계수(癸水) 일간 ☯

乙　癸　庚　辛　　　금수(金水)가 왕(旺).

卯　酉　子　卯　☞ 목(木)은 습목(濕木)이라 생(生)하기 어렵다.

▣ 음(陰)이 당권(黨權)이라 ➡ 어둡고 캄캄하다.

☞ 수목(水木)이 응결(凝結)이고, 금수냉한(金水冷寒)인데, 자유(子酉)➡귀문관(鬼門關)이요, 자↔묘(子卯)➡형살에, 卯↔酉➡상충이다. 가뜩이나 냉한데 습기(濕氣)마저 가세하니 목(木)인 신경(神經)마저 굳어버리니 자율신경(自律神經)이 마비(痲痺)라, 늦게까지 오줌을 쌌다.

♣ 오줌싸개, 키, 소금의 역학관계

왜, 키를 씌워 소금을 얻어오게 했을까?

♣ 역학적인 설명과 기타 부수적인 이야기를 적어보자.

◉ 일단 소금은 **굵은 소금**을 썼다는 면에 착안을 하여보자.

굵은 소금을 키위에 한줌씩을 집어던지면 그 소리가 요란할 것이다.

자기의 키만 한 키를 뒤집어쓰고, 등을 보인 채로 있다가 갑자기 우다닥하는 우박 같은 소리에 아이는 깜짝 놀랄 것이다.

신경을 자극시키는 것이다, 일종의 충격요법인 것이다.

☞ 구병시식(救病施食)과 연관도 된다.

◉ 소금은 원래 물의 결정체인데 덩어리로 되어 토(土)로 화(化)한 것이다.

토(土)는 수(水)를 극(剋)하니 그것도 다스리고, 본디 물이였으니 본받으라는 의미도 되고.

◉ 소금은 **악귀를 쫓는 역할**을 한다는 우리의 속설.

이사 가도 그렇고, 부정을 내치는데도 소금을 쓴다.

아이의 몸에 잡귀가 붙어 그렇다고 생각을 하고 내쫓는 의미.

◉ 돌아다니며 그 행위를 시키는 것은 창피함을 알고 반성하라는 의미.

◉ 여기에 한 술 더 떠서 빗자루로 (그것은 방 빗자루)때리다 시피 쳐   서 혼내는 것은 왜 일까? 요사이 이런 이야기하면 옛날이야기 한다고 할 것이다. 옛날은 옛날이니까?

힘들어도 감춰지는 부분들의 이야기다.

☻ 자(子)월 계수(癸水)일간,☻

壬　癸　癸　辛　　냉(冷)한 사주.

子　卯　子　酉　　지지로는 자묘(子卯)➡형, 자유(子酉)➡귀문관.

✿ 사주가 얼어있는 형국이다.

☞ 자묘(子卯)➡형(刑)이라 수생목(水生木)을 받지도 못하고, 이래저래 사는 것이 답답하기 만한 사주이다. 가진 것이라고는 금수(金水)다. 음(陰)이 역시 당권(黨權)하고 있다.

☞ 고집이 대단하여 상식적(常識的)인 면이 없다.

그저 자기의 주장이 답이다. 융통성(融通性)을 갖도록 해주어야 한다.

어려서 부터 오줌-싸게 소리를 듣고 자랐고, 커서는 성병(性病)도 골고루 얻어가며 살았다.

♣ 物貴則貧(물귀칙빈)이요,

☞ 여자(女子)는 좋아하고, 금(金)이 많으니 다자무자(多子無子)요. 견겁(肩劫)이 많으니 친구 따라 강남 가다가 망(亡)하고, 수심(水深)이 깊으니 속을 알수가 없고 이중인격자(二重人格者)요, 묘(卯)에 ➡ 자(子)가 쌍립(雙立)을 섰으니 풍파(風波)가 심해도 보통 심한 것이 아니고, 바람은 북풍한설(北風寒雪)이니 사는 것인지 마는 것인지 알 수 없구나.

♣ 관성(官星)이 없으니 지배받는 것을 싫어한다.

☞ 재(財)가 없으니 돈 귀한 줄 모르고, 가정의 소중함을 모른다.

☞ 계수(癸水)가 지지에서 자수(子水)를 만나면 정록(正錄)이 되어 좋은 것인데, 그 위를 보니 임수(壬水)가 버티고 있는지라, 아! 나의 것이 아니구나.

●결국 임수(壬水)에게로 가는 것이니,

진짜 나의 근원(根源)이 있어도 제 밥도 못 찾아 먹는 그런 팔자로구나.

제일 필요한 것은 불이다. 당장 얼어 죽을 판이니 우선 몸부터 녹여야 할 것이 아닌가?

♣ 財運(재운)은 어떨까?

봄도 별로 시원치가 않다. 여름뿐이다. 여름 한 철 장사다. 그것으로 일 년은 먹고 살아야 하는 인생이다.

☞ 그러면 어떠한 직업이 좋을까?

여름철 장사를 찾아야한다. 피서-철 장사다. 크게 보면 가전제품도 좋고, 여행사나 여가활용, 팬션-사업, 피서지를 찾아 행하는 장사요, 한여름의 장사다. 해수욕장, 피서지가 대표적이다. 계절적이 감각이 필요하다. 또한 열을 이용한 사업, 핵 계통도 좋고, 방사선, 그 외는 각자의 기량에 맡깁니다. 어름장사 한철, 우산장사 한 시즌, 좌우지간 여름 한 철이다. 잘나가면 에어컨도 좋고. 삼림욕도 좋고, 빙과류사업도 좋고, 여름을 이용하라.

♣ 화(火)일주가 목화(木火)가 태왕(太旺)하면 조루증(早漏症)이다.

☞ 신(身)-태약(太弱) 할 경우는 영락없다

☞ 남자가 일단은 사주가 약(弱)하면 조루증 환자가 많다.

기력(氣力)이 약하니 당연한 것이다. 그럼 어떤 이가 강할까?

☞ 토(土)일주의 남성일 경우 화토(火土)가 많다고 하면 재(財)는 자연 수(水)인 물이 되는데 사막에 비가 와봐야 소식도 없다.

☞ 그러니 여자 다루기는 말이 필요 없다.

☞ 그저 쭉쭉 빨아 당기는 것이다.

😊 자(子)월 무토(戊土)일간. 😊

丁 戊 壬 壬
巳 子 子 申

수기(水氣)가 왕(旺) 하다.

☞ 지지(地支)에 수국(水局)을 형성.

　　　　　힘들어도 감춰지는 부분들의 이야기다.

⬆ 무토(戊土)일주인데 물이 왕양하여 둑을 쌓지도 못하고 휩쓸려 내려가는 형국이다. 그나마 다행인 것은 시주에서 힘이 되어주는 것이다.

☞ 재살(財殺)이 태왕(太旺)하여 여자의 비위 맞추기에 급급한 사주다.

엄처시하요, 아내가 가권(家權)을 쥐고 있으니 남자체면이 말이 아니다.

겨울의 물바다라 차갑기가 그지없다.

사주가 꽁꽁 얼어있어 여자만 보면 주눅 들어 제 기능을 발휘하지 못한다.

☞ 아! 나는 왜 이럴까? 안보일 때는 괜찮은데 문전에만 가면 들어가지　　도 못하고 혼자서 난리굿이니　참, 참——————

◈ 여성 질병과 피부에 효험 있는 약용식물

　　　봉숭아　　　　　　　　익모초　　　　　　　　생강나무

12.   女性疾患(여성질환)

♣ 여성 질환의 종류

골반 내 염증   골반 염   다 낭성 난소 증후군
대하증   무 월경   부인 암
불임   생리통   성교 통
습관성유산   외음부소양증
요실금   월경불순   월경전증후군
자궁근종   자궁내막염

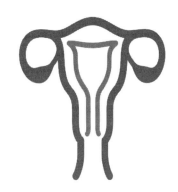

▶ 여성(女性)에 관련된 사항이다.
매우 중요한 역할을 하는 몸의 기관이며 이에 해당하는 많은 것을 정확히 알아
야 여명(女命)을 추명 함에 있어서 심도 있는 추명을 할 것이다. 하나 자체가
아니고 이와 연관된 많은 사항이 있으므로 보다 심도(心度) 깊은 이해(理解)가
있어야 할 것이다.

♣ 자궁은 육친으로 추명을 할 때 어느 부분으로 보아야 할 것인가?
☞ 자궁은 2세를 탄생시키는 역할을 하는 여성
의 신체 주요 부분이다.
☞ 내가 생하는 것은 식상(食傷)이므로 식상이
자궁과 연관이 되는 것이다.
♣ 여성의 사주에서 식상은 자손이요, 신체부위
에서 자손을 키우는 역할을 하는 곳을 추리하
면 된다. 잉태(孕胎)하고, 키우고, 수유하고, 하
는 곳들이 전부 다 식상과 연결 된다.

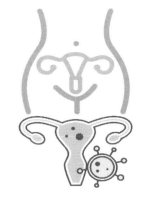

♣ 불행하게도 불임을 예측할 수 있는 증상은 그리 많지가 않다. 불임의 원인
이 되는 대부분의 질환들이 아무런 증상을 나타내지 않는다.

여성들의 특성에 따른 질환이다. ────────────────

작으나마 불임 환자들이 많이 가지고 있는 증상과 불임의 가능성을 예견할 수 있는 사항을 말하라면, 증상으로는 무 월경 혹은 월경불순과 주기적으로 계속 되는 생리통을 들 수 있다.

♣ 갱년기증후군

♣ 폐경이란?
폐경기란 호르몬이 결핍된 상태이다.
폐경기에 겪게 되는 여러 변화나 증상은 다양 하여, 일부에서는 생활리듬에 약간의 변화를 느 끼는 가벼운 정도의 증상에서부터, 일부에서는 심한 어려움을 겪는 경우도 많다.

♣ 폐경의 평균연령은 42세에서 52세까지 다양하게 보고되고 있다.
평균수명의 연장으로 인하여 이와 같은 생리적 및 내분비적 변화에 의한 상황 에서 전체수명의 1/3을 보내게 되는 것이다.
☞ 대부분의 여성에서 폐경은 연령의 진행에 따라 자연히 도래되고 이에 의한 첫 증상은 흔히 40대 초반에 경험하게 된다.

♣ 보통 40세가 넘어서면 월경주기가 불규칙해지거나 출혈 양에도 변화가 오 기 시작하고 사람에 따라 다양한 증상들이 나타나게 되는데, 이는 나이가 들면 서 나타나는 난소기능의 위축과 이에 따른 혈중 여성호르몬이나 다른 호르몬의 점차적인 저하에 따른 변화이다.

♣ 흔히 나타나는 증상은 홍조, 발한 등의 혈관운동 증상이 주가 되고 이로 인 한 불면증이나 기쁨의 상실 등이 따르게 된다.
☞ 그리고 약 50%의 여성에서는 점진적인 뼈의 양적 소실이 일어나서 결국은 골다공증을 초래하게 되는 것이다.

♣ 상태별로 보는 증상

1) 안면홍조(얼굴의 화끈거림)

2) 발한 및 심계항진(땀이 많이 나고 가슴이 두근거리는 증상)

3) 수면장애(불면증), 신경과민, 우울증

4) 비뇨, 생식기 위축증상 : 질 건조, 질소양감, 성교 통, 요실금, 성교불쾌감

5) 피부조직의 변화 : 탄력성 감소, 건조, 주름살

6) 연골 변화 : 관절 및 근육통증 유발

7) 골 조직 손실 : 골다공증 유발

8) 두부의 조모 및 탈모, 남성화 현상

9) 지질대사의 변화에 의한 심혈관계 질환, 심근경색, 심장마비 유발.

♣ 식상 : 자궁, 생식기, 유방

전체적으로 여성 질환의 종류는 어떤 것이 있는지 알아보아야 할 것이다.

  이곳과 연관된 질환은 어떤 곳이 있는 가 살펴보기로 하자.

◇ **대표적인 여성 질환의 종류**

1. 자궁경관염

2. 자궁경부암

3. 자궁근종

4. 자궁내막증

5. 유방암

6. 난소의 종양

7. 외음부 소양증

8. 급성 외음 궤양

1. 자궁경관염

  자궁 경관 벽에 일어나는 염증을 말한다.

2. 자궁경부암

자궁 경부에 발생하는 암으로 여성 성기 암의 90%를 차지하고, 위암과 더불어

여성들의 특성에 따른 질환이다. ────────────

여성에게는 가장 흔한 악성 종양이다.

주로 자궁 경관 상피와 질부 상피의 경계부근에 발생하는데, 이 암에 걸리는 여성의 특징으로는 출산 횟수가 많을수록 높고, 또 일찍 성을 경험한 사람에게 많다.

☞ 트리코모나스 같은 질 염이 만성적으로 되풀이한 여성에게 많은데, 초기에는 자각증상이 거의 없고 검사를 한다고 해도 육안으로는 확인이 되지 않아 세포검사, 질 확대경검사 및 조직검사를 해야 한다.

3. 자궁근종

자궁 자체에 혹이 생기는 것으로, 초음파 발견 후로 최근 여성들에게서 부쩍 많이 늘고 있다. 연령별로는 40대에 주로 많지만 최근에는 25세 이상의 젊은 여성에게서도 많이 발견되고, 출산경험이 많은 주부들에게 나타나기보다는 그 반대의 경우, 즉 미혼이라든가 결혼이 늦었다던가 하는 경우에 많이 나타난다.

4. 자궁내막증

자궁 내막은 임신하지 않는 한 월경주기에 따라 증식, 비대, 박지를 되풀이하는데, 이 내막이 본래 있던 부위와 다른 곳에서 발육 증식하는 것을 자궁내막증이라고 한다. 말하자면 자궁 내막 이외의 부위에서 월경 때 출혈이 생기는 것이다. 발생 부위는 자궁의 근육 층, 난소, 난관, 자궁 후부의 복막에 많다.

5. 유방암

여성들이 건강과 관련, 가장 두려워하는 것이 유방암이다.

특히 식생활이 서구화되고, 임신과 출산회수의 감소 및 수유를 기피하는 경향으로 인해 지속적으로 증가하는 추세인데, 특히 고령 출산자나 출산 경험이 없고 산후 아기에게 젖을 먹이지 않을 경우에 걸릴 확률이 높다.

또 초경이 빠르거나 비만 체질인 경우도 주의해야 한다.

6. 난소(卵巢)의 종양(腫瘍).

난소에 발생하는 종양은 그 종류가 워낙 많아 그 성립 배경이나 경과도 다양하다. 개복 수술 후에 조직검사 결과가 나온 후에라야 양성인지, 악성 인가? 구분되므로 평소에 산부인과 진찰을 받아보는 것이 좋다.

7. 외음부 소양증

외음부로부터 항문주위에 걸쳐 심한 가려움이 있는 것을 통틀어 외음 소양증이라고 한다.

8. 급성 외음 궤양

궤양이란 피부의 표면이 벗겨지고 심층조직까지 손상된 상태를 말하는데. 외음 궤양은 외음 헤르페스, 캔디다 질염, 매독, 외음암 등 여러 가지 질병에서 볼 수 있는데, 이들과 별도로 일어나는 것이 급성 외음 궤양이다.

☞ 특히 젊은 여성에게 많은 질병이며, 그 중에서도 빈혈, 영양부족, 피로할 때 등 체력이 떨어졌을 때 발병하기 쉽다.

☞ 모든 질병이 마찬가지이지만 항상 몸의 상태가 허(虛)할 때 항상 병마(病魔)가 찾아오는 것이다.

젊음이 항상 건강을 보장하지는 않는다.

◘ 사주(四柱)로 판단하는 여성의 질환(疾患).

♣ 일주(日柱)가 신약(身弱)한 경우.

일주가 신약한데 식상이 태왕한 경우는 ➜ 모쇠자왕이 되는 경우인데, 사주가 신약(身弱)하므로 내가 이끄는 것이 아니라, 내가 끌려 다니는 형국이다.

출산(出山)에 임하여 착상자체도 나의 바람대로 되지가 않는다.

자궁 외 임신이요, 자연 유산(流産)이다.

☯ 미월(未月)의 병화(丙火)일간, ☯

○ 丙 己 ○   식상(食傷)이 왕(旺)하다.

○ 戌 未 辰   ☞ 지나치게 화생토(火生土)가 심하다.

➡ 모쇠자왕(母衰子旺)으로 지나치게 자궁(子宮)이 발달되어 크기도 크다.

여성들의 특성에 따른 질환이다. ─────────

☞ 못된 자식 엉덩이에 뿔난다는 격이다.

☞ 식상(食傷)인 자궁(子宮)이➡ 토(土)인데 서로치고 박고, 난리이다.

상처투성이라 자연 그곳에 상처가 나니 ➡ 병(病)이 생기는 것이다.

⬛➡ 미술(未戌)➡형(刑)에, 진술(辰戌)➡충(沖)이다. 형(刑)에 충(沖)까지 이어지니 수술이고, 토(土)가 지나치게 많으니 암(癌)까지도 연관 지어본다.

☞ 여자의 남편은 수(水)인데, 억제하는 토(土)의 기운이 너무 강하다 보니 얼굴도 내밀지 못한다. 필요성을 느끼기 이전에, 이미 그 기운 자체를 없애고 있다.

☞ 그러다보니 자연 그 쪽에는 신경이 무뎌질 수밖에 없다.

➡   火土重濁格(화토중탁격)이다.

♣ 인수(印綬)가 태왕(太旺)하여 상식(傷食)이 약(弱)한 사주.

☞ 인수(印綬)가 태왕(太旺)하면 ➡ 식상은 기운이 쇠(衰)할 수밖에 없다.

☞ 인수(印綬)는 식상(食傷)을 ➡ 극(尅)하는 기본성질이 있는데, 기운이 왕 하니 오죽 하겠는가?

☞ 식상(食傷)은 ➡ 자손이요, 자손을 만들고 키우는 곳인데, 그곳이 제대로 역할을 못하니 발달을 못하는 것이다. 미완성이다. 설사 기능을 발휘한다 하여도 항상 모자람이다.

◉ 자월(子月)-을목(乙木) 일간, ◉ ▨▨▨▨▨▨

丁 乙 壬 壬   음지(陰地)의 나무.
亥 丑 子 子   ☞ 인수(印綬)가 지나치게 왕(旺)한 사주.

⬆ 꽃이 피지 않는 나무다.

여기에서 상식(傷食)은 화(火)인데, 수(水)가 지나치게 왕(旺) 하니 불을 피울 수가 없어 항상 춥기만 하다.

☞ 시간(時干)에 정화(丁火)가 있으나 그 정도 갖고는 불을 밝히기도 어렵고, 꽃이 피지도 못하고 봉오리만 생기다 져버리고 만다.

☞ 인수(印綬)가 하도 식상(食傷)을 극(剋)하니 자손이 보이지가 않는다. 그러다 보니 남의 아이라도, 아이만 보면 그저 귀엽고, 사랑스러워 죽겠단다. 원래 유난히 아이를 좋아하는 사람 보면 자손(子孫)이 귀(貴)한 사주다.

♣ 너무 추우니 싹이 발아가 제대로 되지 않는다. 뱃속의 아기도 나올려다 너무 추워서 나는 안 나가요, 하고 있다가 결국, 질식사하여 자연유산으로 이어진다.

♣ **제왕절개수술**은 우리나라뿐만 아니라 전 세계적으로도 가장 많이 행해지는 수술로서, 임신을 한 산모나 가족들에게 있어서 자연분만을 성공적으로 할 수 있을 것인가 아니면 수술을 해야 되는가? 하는 문제는 가장 큰 관심사가 아닐 수 없다.

♣ 그러나 일반적으로 제왕절개술에 관해 잘못 인식되고 있는 경우가 있어, 그 가운데 가장 흔한 경우가 제왕절개수술은 두 번 하고 나면 위험하기 때문에 아이를 더 이상 갖지 못한다는 것과, 첫아기를 수술해서 낳으면 다음도 반드시 수술을 해야 한다는 것이다

☯ **해월(亥月) 임수(壬水)-일간** ☯

癸	壬	丁	庚
卯	子	亥	子

➜ 수기(水氣) 태왕(太旺)하다.

☞ 목(木)이 있어도 습목(濕木)이다.

⬆ 흙이 있어야 둑을 쌓지?
하루라도 빨리 불을 지펴야 하는데 장작도 시원치가 않다. 불을 붙이자니 기름

인 화도 보이지가 않고 그렇다고 앉아서 얼어 죽을 수는 없는 것이고, 장마가
져서 난리인데 이것을 막아야 되는데 어떡하나?

☞ 천간(天干)으로 보면 정임(丁壬)➡합(合)이
요, 지지(地支)에도 해묘(亥卯)➡목(木)의 가능
성은 보인다. 그러나 남편(男便)─복(福)은 없
다. 이러든 저러든 남편 복(福)은 지지리도 없
는 여자다.

♣ 건강으로 보면 사주가 너무 냉하니 양인 목
화(木火)가 필요한데 나무도 젖은 나무이고, 말
리려면 시간이 걸리고, 불은 필요하고 금수(金
水)가 냉(冷)하니 감각도 무디어 불감증이요,
고집은 황소고집이고 대화(對話)가 안 통한다.

♣ 식상(食傷)이 허약(虛弱)한데, ➡ 형, 충이 가임(加臨)되면 ?
가뜩이나 식상이 약한데, 거기에 형, 충이 더하여지니 엎친 데 덮친 격이다. 자
궁(子宮)의 질환(疾患)이다.

☯ 묘월(卯月) 기토(己土)일주 ☯

○　己　○　○　　　신약(身弱)이다.

酉　卯　卯　○　☞ 금목상전(金木相戰)이다. 묘유(卯酉)➡충(沖).

♣ 일주가 약한데 묘↔유(卯酉)➡충(沖), 인↔신(寅申)➡충(沖)이 된 자.
　왜 하필이면 묘유(卯酉)와, 인신(寅申)을 예로 들었을까?

☞ 해가 뜨는 것은 인시(寅時)에 시작을 하여 신시(申時)에 지기 시작하고,
묘시(卯時)는 열리는 시간, 유시(酉時)는 닫히는 시간이라. 방향으로 보자.

☞ 동쪽은 ➡목(木)이라➡ 인묘(寅卯)요,

서쪽은➡ 금(金)이라➡ 신유(申酉)다.

➡ 출입구가 봉쇄(封鎖)되고, 문이 망가지니 출입(出入)을 할 수가 없다.

♣ 여기에서 문제가 되는 것은 **일주가 약(弱)할 때** 해당이 된다.

● 일간(日干)이 강(强)할 경우는 스스로 일을 알아서 처리한다.

● 무(無)에서 유(有)를 창조(創造)할 정도로 능력이 충분(充分)한 것이다.

강약의 차이다

◇ 금수냉한(金水冷寒)과 건조(乾燥)한 사주의 비교.

♣ 사주가 아주 냉한 경우와, 사주가 너무 건조한 경우를 비교하여보자.

☞ 지나치게 냉하므로 감각이 무디니 불감증이 되지만,
　지나치게 건조하면 갈급증에 여러 증상이 나타난다.

☞ 수기(水氣)가 부족하니 항상 물을 찾게 되는데 한 번 살펴보자.

☯ 진월(辰月)의 병화(丙火)−일간(日干).☯

乙	丙	戊	己
未	戌	辰	巳

☞ 화토(火土)일색(一色)의 사주(四柱).

♣ 지지(地支)가 복잡(複雜)하다.

辰戌➡冲이요, 未戌➡刑이요, 巳戌➡귀문이고, 얽히고설킨 사주이다.

화생토(火生土)하여 식상(食傷)이 지나치게 왕(旺) 하다.

기력이 쇠진(衰盡)한데 화생토(火生土) 하자니 죽을 맛이다.

☞ 자연히 화(火)에 병(病)이 생긴다.

☞ 심장(心臟)이 약할 수밖에, 화는 꽃인데 진액이 다 빠진 꽃이다.

꽃이라고 남들이 말은 하지만 속은 골병이 들어있다.

여성들의 특성에 따른 질환이다. ────────────

향기도 없고, 벌, 나비도 날아오지를 않는다.

♣ 시들어빠진 꽃이다.

자라는 과정을 본다면 봉오리만 지고 제대로 피지도 못하는 것이다. 그래도 꽃은 꽃이니까. 얼굴이 전체적으로 울긋불긋하듯 한 색을 유지하지 못하고 자세히 들여다보면 마치 기름이 번진 듯 이중색의 얼굴이다.

♣ 토(土)가 많으니 암(癌)이 염려가 되고, 목(木)이 용신(用神)이 되는데 을목(乙木)이 과연 제 역할을 할런지 걱정이다.

☞ 을목(乙木)이 지지(地支)에 미(未) 토라, 자고(自庫)를 깔고 있으니 용신이 병(病)들은 것이다.

● 쓸모없는 용신(用神)이다. 어디에서 도움 받을 곳도 없으니, 용신(用神)이 나 몰라 하고 있는 것이다.

☞ 빛 좋은 개살구다. 음식은 목(木)이 좋으니 신 것 즉, 스테미너 식품을 먹어야하고, 체질의 개선을 추구하여야한다.

☞ 자왕모쇠로 화토 식신(食神)격이니 비만(肥滿)의 체구이다.

● 일주가 약하니 살의 탄력(彈力)이 없어 한 번 누르면 쑥 들어가는 형상이다.

☞ 토(土)가 많으니 산이 높아, 그늘이 심하게 생겨 그늘진 인생이다.
햇빛을 보아야 하는데 못 보니 늘 몸이 꿉꿉한 스타일이다.

♣ 식상(食傷)은 할머니인데 친가 쪽이다.

☞ 친가(親家) 쪽으로 할머니가 업(業)이 많은 것이다.

☞ 산소인 토(土)가 형충이 많으니 자리의 위치도 안 좋고, 흉지(凶地)다.

☯ 자월(子月)의 을목(乙木) 일간(日干). ☯

丙 乙 壬 壬
子 亥 子 申

인수(印綬)가 왕(旺) 하다.

☞ 온통 물바다이다.

⬆ 불이 꺼지는 형국이다.

병화(丙火)가 상관(傷官)인데 물이 너무 많아서 불빛이 꺼지고, 식상(食傷)인 자궁이 발달이 안 되어 자궁(子宮)−폐쇄(閉鎖)증과도 연결된다.

♣ 인수(印綬)는 식상(食傷)인 자식(子息)을 극(剋)하는데 왕양(汪洋)하니 더더욱 자식 농사(農事)· 습목(濕木)인데, 물이 그득하니 더더욱 춥고 배고픈 형국이다.

☞ 음지(陰地)의 나무인데, 음(陰) 기운이 그득하니 더더욱 음기(陰氣)가 강(强)하여진다. 년, 월에 양간(陽干)이라도 수(水) 자체가 음(陰)이라 기운이 그득하니 음(陰) 기운으로 화(化)하는 것이다.

☞ 음지(陰地)의 팔자(八字)요, 무화과(無花果) 나무이다.

♣ 남편(男便)은 신금(申金)인데 물로 화(化)하여 인수(印綬)로 변하니 큰 어머니가 하나 더 생긴 꼴이다.

☞ 가뜩이나 인수가 많아 처세가 어려운데, 혹이 하나 더 달리니 이것 참 말도 못하고 죽을 판이다. 자손(子孫)을 낳으려면 친정은 가지를 말아야 한다.

☞ 나 하고는 합(合)이 안 된다 오히려 판을 깬다.

이럴 때는 무조건 시댁(媤宅)에서 낳는 것이 최상이다.

♣ 지지(地支)에 인수(印綬) ➡ 효신 살이 아닌가? (편인)

☞ 모자멸자에 해당이 되고 수목이 응결이라 간이 나쁘고, 몸이 항상 차다. 목(木)일주라 끼는 다분한데 재능(才能)을 꽃피우지를 못하고 음기(陰氣)가 강하니 엄한 곳에서 자기의 재능을 꽃피우는구나.

♣ 인수(印綬)−도화(桃花)라 겉모양만 가득이라 걱정이구나.

여성들의 특성에 따른 질환이다. ─────────────

☞ 인수(印綬)가 너무 많으니 부모덕이 하나도 없구나.

☯ 인월(寅月)의 무토(戊土)일간-여성(女性).☯ ▨▨▨▨▨▨▨▨

己　戊　壬　丁　　　　　　편관(偏官)-격(格).

未　申　寅　亥　　☞ 인신(寅申)→충(沖)으로 파격(破格).

▶ 인신(寅申)→충(沖)이라 파격(破格)-사주.

☞ 다시 인해(寅亥)→합목(合木)으로 합(合)이 되어 성(成)이 되니 파격(破格)은 면하고, 남편과는 충(沖)이 되어 항상 다투고 뜻이 맞지가 않는다.

☞ 기름에 물을 탄 것과 진배없다.

| 戊 |
| 申 |

▐▐▐▶　　　　고란살(孤鸞殺)이다.

☞ 무토(戊土)가 신약(身弱)하여 → 기토(己土)에 의지(依持)해야 한다.

☞ 년(年)상의 정(丁)은 임(壬)과 → 합(合)이 되어 화생토(火生土)를 할 수 없다. 해(亥) 중의 임(壬)과, 을(乙) 하고, 양다리라 정신없는 양반이다.

♣ 정화(丁火)는 → 무토(戊土)에게 누구인가?

바로 어머니다. → 어머니가 정신이 없다.

♣ 여기에서 재미있는 이야기가 성립된다.

☞ 정화(丁火)인 어머니의 입장에서 보면 인목(寅木)과 신금(申金)이 금목상전(金木相戰)으로 친정(親庭)과 시댁(媤宅)이 된다.

☞ 서로가 사이가 안 좋은 것이다.

☞ 어머니는 밖으로 생활전선에 나가다 보니 자식과는 초년(初年)에는 연이 박하다.

☞ 시어머니가 돌보고 있다.

무토(戊土) 본인에게는→ 식상(食傷)이니 자연 친가(親家)의 할머니다.

♣ 이제 본인의 이야기로 돌아가자.

☞ 지지(地支)의 신금(申金)이 상관, 인신(寅申)➡충(沖)으로 깨져버렸다.

☞ 자궁에 병이 생기는 것이다. 인신(寅申)이니 자궁-폐쇄증 이다.
   (인신(寅申)➡충(沖)은 봄이니까, 인목(寅木)이 이긴다.)

♣ 인해(寅亥)➡합(合)➡목(木)으로 남편(男便)은 똑똑하다.

☞ 일주(日柱)가 약(弱)하고 인신(寅申)➡충(沖)이니 남편에게 항상 짐이 되는 형국이다. 목(木)인 남편은 수생목(水生木)하여 자기의 힘을 키우고 또 목생화(木生火) 하여 결국, 일간(日干) 본인에게 도움을 주는 것이다

.☞ 어느 운(運)이 제일 좋을까?
   오운(午運)이 온다면 최고일 것이다.

☞ 인오(寅午)➡합(合)이요, 오미(午未)➡합(合)하여 화기(火氣)가 출중(出衆)하여지니 이 때가 좋다.

   음지(陰地)가➡양지(陽地)로 다 바뀌는 것이다.

☯ **묘월(卯月), 기토(己土)일주** ☯

乙　己　乙　戊　　　　신약(身弱)사주.

丑　酉　卯　寅　　☞ 지지(地支)에 묘유(卯酉)➡충(沖).

⬆ 합이 둘로 나누어진다.

유축(酉丑)➡ 금국(金局)과, 인묘(寅卯)➡ 목(木)으로 하여 둘로 나누어지는 것이다. 자궁폐쇄증 으로 인하여 자식을 낳는데 문제가 있다.

♣ 남편(男便)을 살펴보자.

☞ 목(木)인➡ 관(官)이 남편(男便)➡ 도화(桃花)를 놓고 있다.
   거기에 방합(方合)이니 기운(氣運)이 왕(旺) 하다.

☞ 기력(氣力)이 왕성(旺盛)한 것이다.

여성들의 특성에 따른 질환이다. ──────────────

아내는 기력이 쇠하고 거기에 자궁-폐쇄증 까지 있는데 말이다.

☞ 목(木)의 입장에서 보면 양쪽에 정(正), 편재(騙財)가 떠있는 형국(形局)이니 두 집 살림 아닌가?

♣ 본인으로 돌아가서 전체적인 흐름은 食居先 殺居後 格(식거선 살거후격)이라 흐름은 좋은 것 같은데 묘(卯)↔유(酉)➡ 충(沖)이 있어 파격(破格)이 되어 버렸다.

♣ 관식(官食)이 투전(鬪戰)이라 한 쪽으로 기울기가 심하다.

☞ 결국 관(官)이 기운이 더 세다. 매 맞고 사는 팔자다. (구박, 천대, 멸시)

☞ 기토(己土)이니까 허리라, 심하면 허리를 못쓰는 것이다.

사주가 신약(身弱)이니까.

♣ 월(月)과 시(時)에서 양쪽으로 앞, 뒤에서 사정없이 난리다.

☞ 금(金)이 충(沖)을 받으니 이 또한 약(弱)하다.

☞ 목(木)이 지나치게 강하니 인정이 많아 항상 손해를 본다.

맞아도 그놈의 情(정) 때문에다. (다쳤다 하면 허리다.)

☞ 일간(日干)이 뿌리가 약하니 어디 의지할 곳도, 하소연 할 곳도 없다. 그나마 다행인 것은 그래도 가진 것이라고는 재주라도 있으니 살 수 있어 그나마 다행이다.

☯ **자월**(子月)**의 경금**(庚金)**일간**(日干)**.**☯ ▬▬▬▬▬▬▬▬▬▬

丙	庚	庚	辛
子	子	子	酉

☞   온통 금수(金水)로

음(陰)이 당권이다.

◪ 금수냉한(金水冷寒)이니 **냉방**(冷房)**살이요, 공방살**(空房煞)이다.

☞ 자유(子酉)➡ 귀문관(鬼門關)이 나타나고 금수(金水)가 지나치게 강(强)하

니 금수쌍청(金水雙淸)이라 결벽(潔癖)증에, 융화(隆化)가 잘 이루어지지 않으니, 그 또한 삶에 애로사항이 많다.

♣ 자식(子息)을 찾아보자.

☞ 금일주(金日柱)라 식상(食傷)➡자손(子孫)인데,➡수(水)가 된다.
자손(子孫)을 낳으려면 우선 관(官)인 화(火)를 찾아야 한다.

☞ 화(火)인 관(官) 즉 병화(丙火)가 있는데 시간(時干)에 있고, 지지(地支)에는 자수(子水)를 놓고 있다. 천간(天干)으로는 병경➡충(沖)이요 지지(地支)는 물이라, 별 볼일이 없는 남편이다.

☞ 초년(初年)부터 보이지가 않으니 연(然)이 박한 것이다.
말년(末年)에나 있으니 죽어서나 만나리는 이야기인데, 결국은 일찍 남편이 세상을 떠난다는 이야기이다.

☞ 설사 결혼(結婚)을 하여 남편(男便)이 무엇을 한다고 하여도 되는 일이 없다. 일찌감치 결혼은 잊어버리고 다른 길을 모색하는 것이 본인이나 남편 될 사람을 위하여 좋은 일이다.

☞ 차라리 종교 쪽에 귀의(歸依)하여 사는 것도 한 방법이 될 것이다.
　　종교인(宗敎人)의 사주(四柱)이다.

◈ **여성질병과 피부에 효험 있는 약용식물**

봉숭아, 생강나무, 오이 풀, 옻나무, 익모초
전나무, 접시꽃, 줄 찔레나무, 화살나무

12. 여성질환

여성들의 특성에 따른 질환이다. ────────────────

13. 노인(老人)질환(疾患),

手足異常(수족이상)및 風疾(풍질)

♣ 노인질환의 종류.

노안, 노시 , 발기부전 , 백내장
전립선비대증

◘ 風疾(풍질)이라 함은 보통 풍병(風病)을 이르는데 그에 대한 정의(定義).

♣ 중추 신경 계통에서 일어나는 현기증, 졸도, 경련 따위의 병증을 통틀어 이르는 말.
♣ 풍사(風邪)를 받아 생기는 병을 통틀어 이르는 말로써, 풍기(風氣)·풍증 (風症)·풍질(風疾)이라고도 표현을 한다.

◘ 중풍
☞ 중풍(中風)이란 말 그대로 바람을 맞았다는 뜻.
☞ 바람의 성질처럼 전신이나 팔다리가 흔들리고 잘 돌아다니며 변화가 심하고 정신적인 황폐화까지 초래한다.

♣ 중풍은 뇌혈관의 이상으로 인해 발생하는 질환으로, 전염을 일으키는 세균성 질환도 아니고 유행성 전염병도 아닌 탓에 예방백신을 만들 수 없다는 데 그 심각성이 있다.
☞ 또 발병하면 사망률과 불구율도 엄청나게 높다.
그러나 중풍은 발병하기 오래 전부터 경고 신호를 보내므로, 이 신호에 얼마나 슬기롭게 대처하느냐에 따라 명암이 달라진다.

◆ 고혈압(高血壓)

☞ 심장은 규칙적인 수축과 이완을 계속하는데, 매번 수축할 때마다 혈액을 전신으로 내보내고 동맥 내의 압력을 증가시킨다.

심장이 수축하지 않고 이완되는 동안에는 혈액이 심장 밖으로 배출되지 않고 동맥 내의 압력도 감소하게 된다.

☞ 이 동맥압은 심장이 매번 뛸 때마다 내뿜어지는 혈액량과 혈관 내에서 혈액이 흐르는 것을 방해하는 소위 동맥혈관 저항에 비례하여 우리 몸의 혈압이 결정된다.

☞ 수축기 혈압이 120mmHg, 이완기 혈압이 80mmHg 정도면 정상이라고 할 수 있다. 18세 이상 성인이 연속해서 측정한 혈압의 평균치가 2회 이상,
140/90mmHg보다 높게 나오면 고혈압이라고 진단한다.

♣ 고혈압을 흔히 침묵의 살인자라고 하는데, 고혈압이 계속되면 각 장기에 영향을 미쳐 뇌졸중, 심장질환, 신장질환 등과 같은 합병증을 유발한다.

♣ 고혈압의 증상

　　손발이 저리다.(심하게 운동을 하거나, 장시간 정적인 상태 유지 시)

　　뒷머리가 아프다(다고 일어나면 아침에 심하다)

　　어지럽다. (앉았다 일어나거나, 갑자기 움직일 때)

　　두근거린다. (스트레스나, 심사숙고 후)

　　쉽게 피로하다.(공연히 몸이 나른해진다.)

　　코피가 난다.(원인도 없이)

　　소변에 피가 섞여 있다.(과로 후)

　　시야가 흐려졌다.(공복 시)

　　갑자기 힘이 빠졌다가 금세 회복 된다.

　　가슴이 조이듯이 아프다, 답답하다

호흡이 불편하다

숨이 차다.(심한 운동을 하지도 않았는데)

귀에서 소리가 난다.(신장 기능의 약화도 원인이 된다.)

정신이 혼란하고 착란 증세가 있다. 혼자 중얼중얼한다.

행동이 일상에서 벗어난다. 이의 원인은 사주 자체가

조후가 이루어지지 않아서 생긴다.

◆ 천(天), 지(地), 인(人)을 살펴보자.

　　天 : 一로써 절대수이고,

　　地 : 二로써 반대수이고,

　　人 : 三으로 절충수이다.

　여기에서 중요한 것은 건강이므로 사람이다.

　사람은 三이라 했으므로 3이니, 3.8木이라 나무인 것이다.

♣ 오행(五行)으로 보면 목(木)과 제일 연관이 많은데, 나무는 흙에 뿌리를 내리고 사는 것인데 도시와 농촌을 비교하면 도시에 사는 사람들이 더 많이 풍질(風疾)로 고생을 하는데, 그 이유는 흙을 밟고 살아야 하는데 그렇지 못하기 때문에 더 그런 것이다.

♣ 골다공증(骨多孔症)을 아주 쉽게 설명하면 뼈에 구멍이 나고 약(弱)해져서 사소한 충격(衝擊)에도 뼈가 쉽게 부러지는 상태(狀態)가 되는 병(病)이라 할 수 있다

◆ 골다공증(Osteoporosis)이란?

☞ 뼈의 구조상으로는 아무런 이상이 없으면서 뼈를 형성하는 미네랄(특히 칼슘)과 그 기질이 과도하게 감소한 상태로 골량이 감소되어 가벼운 충격에도 쉽게 골절이 유발되는 질환이다.

◆ 급각살이나 단교관살이 있으면서 일주(日柱)가 약(弱)하거나 또는 조후(調喉)가 잘 안되어 있어야만 수족(手足)에 이상이 있다고 보는 것이다.

⬇ 급각(急刻)살에 대한 설명이다.

사주에 급각살이 있는 사람은 **신경통(神境通)**이나 **요통(腰痛)**이 있다.

```
寅, 卯, 辰──────── 봄 ─────────亥, 子
巳, 午, 未──────── 여름─────────卯, 未
申, 酉, 戌─────────가을 ─────────寅, 戌
亥, 子, 丑─────────겨울 ─────────丑, 辰
```

◈ 급각(急刻)살에 대한 원리(原理)를 해석(解釋) 하여보자.

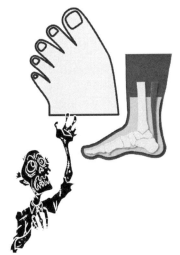

◉ 봄은 해(亥), 자(子)인데, 해자(亥子)는 수(水)라 수목응결(水木凝結)로 신경(神經)이 말을 듣지를 않는다.

◉ 여름은 더운데 묘(卯), 미(未)가 있으면 목생화(木生火)를 받으면 건조함이 지나치다. 건조(乾燥)가 지나치면 수족(手足)에 이상이 온다.

☞ 나무가 지나치게 마르면 비비꼬이고, 비틀어진다.

◉ 가을은 선선하면서도 건조한 계절이다.

거기에 화기(火氣)가 더해지니 건조하여져 자연 수족에 이상이 온다.

☞ 영광의 굴비는 바닷바람에 말린다.

◉ 겨울은 추운 계절(季節)이다.

추운데 습(濕)하니 응결(凝結)이 이루어지는 것이다. 서릿발이 생기고 얼어붙는 것이다.

♣ 수목응결(水木凝結)➜금수(金水)냉한(冷寒) 사주의 소유자.

☞ 수목응결(水木凝結)의 특징은 일단 신경(神經)이 굳어 있으므로 몸이 말을 잘 듣지 않는다. 그러니 마음만 급해지고, 서두르게 되는데 넘어져서 다 치는 경우가 다 그러한 연유(緣由)다.

☞ 어느 정도 긴 시간이 지나면 그때는 인정(認定)을 하고 수그러들므로 그 런 사고가 덜 난다.

◆ 예전의 수목응결(水木凝結)로 인한 경우 그 표현(表現)법을 살펴보자.

◉ 三脚行步(삼각행보) : 세발로 걷는다는 표현이다.
　사람의 두발과 나머지 한 발은 지팡이를 말한다.
　맹인(盲人)의 경우도 이러한 표현을 썼다.
　흰 지팡이, 예전에는 여러 색깔의 지팡이를 많이 짚고들 다녔는데
　요사이는 보기가 많이 힘들어졌다.

◉ 南山向拜(남산향배) : 직역을 한다면 남쪽의 산을 보고 절을 한다는 표현인데, 절을 한다함은 고개를 숙인 형태라 꼬부랑 할머니, 할아버지가 연상 된다.

◉ 수목응결(水木凝結)이 되면 모든 성장이 둔
화되고, 심하면 멈추게 된다.

☞ 손가락이 잘리면 냉동실에 보관하였다가 다
시 접합 시에 사용한다.

☞ 냉동식품(부패를 방지, 미생 균이 발효작용
을 못한다.)

♣ 신약(身弱)사주가 金木相戰 (금목상
전).

☞ 신약(身弱)일 경우 금목(金木)이 상전(相戰)
을 하면 목(木)이 자연 다치게 되어있다. 사주
(四柱)가 신약(身弱)하므로 목(木)의 편을 들
수 없다.

☯ 신월(申月)의 갑목(甲木)-일간(日干) ☯

○   甲   庚   ○   신약(身弱)이다.

○   辰   申   ○   ☞ 금목상전(金木相戰)이다. 가을 나무이다.

▶ 신진(申辰) ➡수국(水局)이 되어 수목응결(水木凝結)로 연결 될 수 있다.
응결(凝結)에 금목상전(金木相戰)이니 성장(成長)이 더디어지고, 가끔씩은 브
레이크가 걸린다. 덜 자라는 이상 현상이 나타나 그것이 장애로 이어지기도 한
다.

♣ 신약(身弱)사주가➡ 역마(驛馬),지살(地殺)
이 형➡충(刑↔沖) 된 자.
☞ 역마(驛馬)나, 지살(地殺)은 교통(交通)수단
에 연결(連結) 된다.
사람의 인체로 비교를 한다면 수족과도 같은
것이다. 이것에 형(刑), 충(沖)이니 고장이 나
고, 사고가 생기는 것이니 장애가 발생한다. 는
설명이 된다.

♣ 사주(四柱)가 지나치게 건조(乾燥)한 경우.
열기가 지나쳐 과하면 아이들의 경우 소아마비로 이어진다.
소아는 '純陽之體(순양지체)'라는 말에 걸맞게 발열이 잘된다.
편도도 잘 붓는다. 반대로 양(陽)이 약한 경우도 간혹 있다.
소아 열로 인하여 여러 가지 병이 오는 경우가 대단히 많아 매우 조심을 하여
야 한다.

♣ 재살(財殺)이 태왕(太旺)한 경우.
재살(財殺)이 태왕(太旺)하다 함은 일간(日干)이 ➡ 매우 약(弱)한 것이다.
그러므로 주변의 영향을 많이 받는데, 신체의 일부분이 고장도 자주 나고 다치
기도 많이 한다.(다른 사람에 비하여)

특히 어려서 잘 넘어지는 아이들의 경우 대체적으로 사주가 약한 경우다.

♣ 양인(羊刃)이 태왕한자.

사주에 양인이 많으면 太剛則折(태강즉절)➜ 도마뱀을 생각하면 될 것이다.
그것은 살기 위하여 그러지만 양인(羊刃)이 많을 경우는 자해행위(自害行爲)도
마다하지 않는다.

☞ 여기서 중복(重複)되는 사항이 많으면, 중년 이후는 풍질(風疾)로 고생 한
다고 보아도 무방할 것이다.

♣ 자형(自形)살을 놓게 되면 ➜ 수족(手足)에 이상(異狀)이 있다 보아야한다.

♣ **자형살(**自形煞**).**

☞ 辰 形 辰,
　　午 形 午,　　　　⎞
　　酉 形 酉,　　　　⎠ ➜ 　진,오,유,해(辰,午,酉,亥)가 똑같이 두 번
　　亥 形 亥,　　　　　　　이상 사주에 나오면 자형살이라 한다.

☞ 이 살(殺)을 가진 사람에게는 대체로 조상
의 모진 업(業)이 존재하고 있으며 따라서 정
신적인 괴리나 주체의식의 박약, 소극적(消極
的)인 의타심(依他心)이 엿 보이는가 하면 사
물에 대한 부정적인 견해를 가져 염세, 자살
(自殺)을 기도(企圖)하는 일도 있어 문제 있는
사람이 된다.

☞ 영매(靈妹) 체질 자 가운데 이 살을 가진
사람이 많다.

♣ 사주에 목화(木火)가 많은 사람은 자연 금수(金水)가 약한데 그중 금(金)이
약할 경우.➜ 골절에 이상이 잘 온다. ➜ 자형살과 연관

☞ 여자의 경우는 산후몸조리에 신경을 써야한다.

☞ 산후풍이 자주 오므로 그 후유증으로 평생 고생 하는 수가 많다.

☞ 몸에 열이 많은 사람은 피부에 이상이 생겨 얼굴이 곰보가 되기도 한다. 발열(發熱)이 원인(原因)이다.

☯ 미월(未月)의 경금(庚金)일간(日干). ☯

○ 庚 ○ ○

○ ○ 未 ○   ☞   미(未)토가 재고(財庫)에 급각살이다.

✪ 급각살의 해결 방법은? ➜ 스스로 조심하는 것이다.

☞ 재고(財庫)인데 급각(急刻)살이니 별로 신통치 않다.

  아내가 불구란 말인가? 직역(直譯)을 한다면 그런 형태이다.

☞ 아예 불구자를 아내로 맞으면 어떨까?

  팔자(八字)에 그런 사람도 있다. 가끔 매스컴에 나오는 순애보 말이다.

  ➜ 극히 드문 경우이다.

☽ 사월(巳月)의 신금(辛金)일간 ☽

戊 辛 己 己

戌 未 巳 巳   ☞   일지(日支)에 급각(急刻)살 놓고 있다.

⬆ 너무 건조하다. 급각살(急刻殺)이 사미(巳未)➜화국(火局)으로 화(化)하여 나를 공격을 하고 오니, 살국(殺局)이 된 형국이다. 사주가 워낙 건조(乾燥)하니 열(熱)이 많은 팔자이다. 그것도 초년부터 시작이 되니 걱정이다.

♣ 종살격(從殺格)의 사주(四柱)가 되어버린다.

☞ 방합(方合)이요, 무술(戊戌) 토(土)가 있으나 조토(燥土)가 되어 토생금(土生金)에는 인색(吝嗇)하다.

미술(未戌) → 형(刑)이라 재고(財庫)가 열려 있으니 금전(金錢)의 복(福)은 있다만, 인수(印綬)가 많으니 그것도 걱정이구나.

(재인(財印) → 투쟁(鬪爭)이다.)

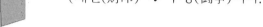

◑ 묘월(卯月)의 임수(壬水)일간 ◑

癸　壬　乙　癸
卯　子　卯　亥　☞ 자묘(子卯)→형(刑) →풍파(風波)가 심하다.

▣ 임자(壬子) 일주는 한 쪽으로 밀고 나가며 성공한다.

☞ 어찌 보면 한 쪽으로 밀고 나가기 때문에 외골수적인 면도 보인다.

☞ 단교관살이 둘이고, 급각살(急刻殺)에 수목응결(水木凝結)이라 풍질(風疾)이 염려된다.

☞ 수생목(水生木)으로 을묘(乙卯)가 흡수를 못하니 어찌 보면 영리하고 어찌 보면 멍청한 것이다.

●결론은 사람은 똑똑한데 가끔씩 멍청한 짓을 하여 스스로 손해 보는 것.

☞ 월(月)과 시(時)에서 자묘(子卯)→ 형(刑)이니 앞집과 뒷집 하여 매일 싸움이 반복된다.

♣ 임자(壬子)→ 수(水)가 월(月)과 시(時)에 좌우로 흘러가니 찢어주기 바쁘다 보니 모든 일은 펼쳐만 놓았지 수습(收拾)이 안 된다.

☞ 사주가 꽃도 피우지를 못하고 결실도 못 거두니 세상사는 것이 기준(基準)이 없고, 되는 데로 사는 인생(人生)이다.

☞ 임자(壬子) 일주 자체가 외양내음(外陽內陰)이다.
　　속을 알 수가 없으니 ➡ 이중인격자(二重人格者) 성향이 강하다.

☞ 사주에 관(官)이 없으므로 남에게 간섭(干渉)을 받는 것을 싫어한다.

☞ 지휘체계가 잘 서지를 않는다.

☞ 월(月)에 상관(傷官)이므로 시간약속은 밥 먹듯이 잘한다.
　　재(財)와 관(官)이 없어서 돈도, 벼슬도 없다.

☯ 묘월(卯月)의 갑목(甲木) 일간(日干)☯ ▰▰▰▰▰▰▰

庚　甲　辛　丙　　　　관살혼잡(官殺混雜)이다.

午　申　卯　戌　　☞ 병술(丙戌)➡ 백호(白虎)➡재고(財庫)이다.

⬆ 년(年), 월(月)이 천간(天干) 지지(地支)로 ➡ 합(合)을 이루고 있다.
　　월(月)은 도화(桃花)이다.

☞ 재고(財庫)에 백호살(白虎殺)이므로 아버지 쪽에서 횡사(橫死)를 당하신 것이다.

☞ 금목상전(金木相戰)에 묘(卯)가➡ 단교관살이다. 수족(手足)에 이상(異狀)이 생기는 것이다.

♣ 어떤 해가 안 좋을까?

☞ 사신(巳申)➡ 형(刑)이요, 인신(寅申)➡ 충(沖)이 우선은 안 좋다.

☞ 정사(丁巳)년에 사신(巳申) ➡ 형(刑)이요,

●갑인(甲寅)년에 인신(寅申) ➡ 충(沖)으로 자동차에 손을 깔려 반불구가 되었다.

☞ 묘신(卯申)➡ 귀문관(鬼門關)있고, 또한 관살혼잡(官殺混雜) 사주다.

☞ 수(水)인 인수(印綬)가 없으니 배운 것도 없고, 부모 덕도 없다.
어머니와는 연이 박하여 뜻도 잘 맞지 않고, 마음에 와 닿는 정이 없다.
사주(四柱)가 혼잡(混雜)한 형태이다.

☻ 신월(申月)➜ 병화(丙火)-일간(日干) ☻

丙　丙　丙　辛

申　辰　申　酉　　　☞ 두 다리를 절단한 사람의 사주다.

⬆ 어찌 보면 종(從)을 하여야 할 사주(四柱)다.
☞ 7월초에 태어났으니 종(從)을 하지 않는다.
☞ 지지(地支)를 보면 금수(金水)가➜ 태왕(太
旺)하여, 재관(財官)이 왕 하
니 파격(破格) 사주다.
☞ 월(月)이나 시(時)에 급각살(急刻殺)이나,
단교관살이 있으면 수족(手足)에 이상이 있는
것이다. 천간(天干)을 보면 병화(丙火)가 셋이
나 있으나 전부 근거지(根據地)가 없다.
☞ 일간(日干) 자신도 그렇고 좌우 양쪽의 병화
(丙火)도 마찬가지다.
　몸에도 이상이 있다.

☻ 오월(午月)의 갑목(甲木) 일간(日干) ☻

庚　甲　庚　甲　　　천간(天干) ➜ 충(沖)이다.

午　午　午　寅　　　☞ 지지(地支)➜ 화국(火局)이 형성.

⬆ 자세히 보면 목(木)과 화(火) 일색(一色)이다.
☞ 경금(庚金)은 뿌리가 없다. 용광로에서 녹고 있는 쇠의 형국이다.
☞ 지지(地支)에 탕화(湯火)가 깔려있다. 항상 불조심에 유념을 하여야한다.
사주가 워낙 건조(乾燥)하다. 어찌 방법이 나오지 않을 것 같다.

불을 끌 수도 억제(抑制)할 수도 없다. 차라리 불과 함께 사는 것이 최대의 방법이다.

☞ 차라리 보일러공을 하는 것도 방법이다.

화(火)가 많은 사람이 보일러공을 하면 기름이 적게 든다.

☞ 왜? 본인이 불이니까.

화(火)가 많아서 뼈도 잘 부러진다. 성격이 급하다.

☞ 목(木)이 많으니 인정(人情)은 있으나 건조(乾燥)하여 털어봐야 먼지만 나온다. 이 사주 역시 인수(印綬)가 없어 삶의 지표(指標)가 흐리다.

☞ 내일 비가 온다 하여도 우산을 준비할 생각을 않는다.

☞ 오중(午中)의 기토(己土)가 재가 되는데 천간(天干)의 갑목(甲木)과 합(合)하여 갑기(甲己)➜ 합(合)이다.

●재(財)와 합(合)이 드니 여자와 음식 특히 술인데, 일간(日干)자체가 약(弱)하니 여자보다는 술로 걸어간다.

☞ 술이 들어가도 화기(火氣)가 강하니 금방 깬다.

일간(日干)이 약(弱)하니 취하기도 금방 취한다.

♣ 5월의 갑목(甲木)에 화(火)인 꽃이 만개가 되었다.

☞ 열매이고 결실(結實)인 금(金)이 녹아버렸으니 보이기는 하는데 쓸모가 없다. 열매가 다 곯아버린 것이다. 마무리는 못하는 것이다.

☞ 약속은 잘하지만 항상 펑크다. 대답은 시원스럽게 잘한다.

지키려고 하여도 피치 못할 일이 생기는 경우다. 그래도 관(官)인 금(金)이 천간(天干)에 우뚝 나타나 있으니 바지사장이라도 시키면 된다. 다리를 절고 있는 사람 사주다.

◆ 노인성 심장질환

노인이 심한 호흡곤란으로 병원을 찾았다. 오래 전부터 걸을 때 숨이 차서 힘들다는 것이었다. 병원에서는 심장초음파검사를 한 후 노인성 퇴행성 심장 판막질환으로 진단을 내리고 심장수술을 권유했다.

대동맥판막이 석회화되어 심장에서 혈액이 전신으로 전달되지 않고 폐에 물이 차서 숨쉬기가 어려웠던 것이다.

☞ 이러한 노인심장질환은 노인인구가 증가함에 따라 유병율도 높아가고 있는 질병이다.

♣ 뇌졸증

☞ 뇌의 혈관에 장애가 생겨 일어나는 몇 가지 질환의 총칭.

즉 뇌혈관의 병적 과정에 의해 급격하게 그것에 대응하는 국소적인 정신, 신경 증상이 나타나는 것을 말 한다

☞ 증상 : 당뇨병의 초기에는 증상이 없다.

☞ 병(病)이 진행되면서 증상이 나타난다.

고혈당이 심해지면서 소변에 당(糖)이 나타난다. 당은 물을 끌어안고 나오기 때문에 소변을 통한 탈수증(脫水症)상이 생긴다.

☞ 탈수 때문에 갈증(渴症)이 생기고 체중(體重)감소(減少)가 일어난다.

☞ 체력(體力)이 약해지고 피로감이 생긴다.

☞ 여자는 생식기(生殖器) 가려움증이 많이 생긴다.

♣ 돌연사

☞ 관 동맥 질환 증상 나타나고 1시간 내에 사망(死亡).

☞ 성인에 있어서 여러 가지 이유로 갑자기 사망하는 경우에 돌연사 또는 급사라고 하는데 급사(急死)의 정의는 증상이 나타난 후 1시간 이내에 사망하는 것을 말한다.

☞ 급사의 원인으로는 심근경색증(心筋梗塞症), 부정맥, 비후형 폐쇄성 심근증,

및 뇌혈관질환 특히 뇌출혈이 가장 흔히 볼 수 있는데 최근 큰 문제로 대두되고 있는 것은 관 동맥질환에 의한 심장 급사라고 할 수 있다.

♣ 두통(頭痛)으로 많은 사람들이 시달리고 있다.

현대인의 두통은 대부분이 심인성(心因性)이다.

☞ 증상(症狀)

비 폐색(코 막힘)이 주로 느끼는 증상이며 밤에 더욱 심하고 지속적인 비호흡(코로 숨 쉬는 것)의 장애가 있으며 콧살 앞쪽이 비대할 때에는 숨을 들이쉴 때, 뒤쪽이 비대할 때에는 숨을 내쉴 때 장애가 있다

♣ 방광암(膀胱癌)은 비뇨생식기 종양 중 비교적 흔한 질환이며, 특히 우리나라에서는 이 분야의 종양 중 가장 흔한 질환이다.

◆ 중풍, 관절염, 고혈압에 좋은 약용식물

만병 초, 선인장, 오가피, 쇠무릎지기, 복수 초,
벽오동나무, 영지버섯, 잇 꽃, 단풍 마, 까마중
독활, 엄나무, 목통(으름덩굴), 찔레나무뿌리,
송이버섯, 갈용(칡의 어린 순, 꽃술), 갈근(칡)
옻나무, 세신, 천마, 강활, 노봉 방(왕태벌집),
청미래덩굴, 도꼬마리, 조릿대, 석창 포, 천남성

14. 상(相)으로 보는 건강(健康)진단(診斷)법.

♣ 얼굴은 우리 몸의 건강 상태를 알려주는 신호등(信號燈)이다.

♣ 얼굴의 각 부위는 오장육부(五臟六腑)에 해당되어 그 상태를 나타낸다.

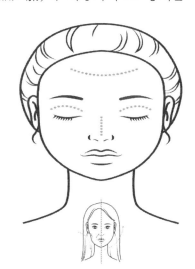

- ● 이마는 폐,

- ● 턱과 귀는 콩팥,
- ● 코는 대장,
- ● 눈과 혀는 심장,

- ● 입술은 자궁

♣ 눈, 코, 입 등의 형태(形態)와, 얼굴 색(色)의 변화(變化) 등으로
건강(健康)을 체크하여 볼 수 있는데, 그 방법(方法)을 알아보자.

◪ 이 마

☞ 얼굴에 있어서 삼재(三才)의 원리로 구분을 하면 이마는 천(天)이요, 코는
인(人)이요, 턱을 지(地) 하여 구분 하는데, 이마는 하늘을 상징하는 것이다.
그러므로 둥글고 넓어야 좋은 것이다.
위치를 말한다면 눈섶 위를 기준하여 머리털이 난 곳까지의 넓은 얼굴 앞면의
상하, 좌우 부위를 가르킨다.
☞ 초년(初年)의 운(運)을 보는 곳이기도 하다.
☞ 삼정(三停)으로 보면 상정(詳正)에 해당하는 부분이다.

☞ 관운(官運)과 부모(父母)관계를 판단하는 곳이다.

☞ 건강 면으로 본다면 심장기능, 폐 기능, 인후 기능 등을 연관하여 본다.

☞ 주름이 많으면 폐의 기운이 약한 것으로 호흡기 질환이 발생할 수 있다.

◆ 턱

☞ 턱은 삼재(三才)에서 지(地)인 땅에 해당하는 곳으로, 아래인 음(陰)에 해당하여 신장(腎腸) 기능을 본다.

☞ 턱에 잡티가 있거나 색이 울긋불긋 하면 신장(腎腸)에 병(病)이 생긴 것으로 볼 수 있다.

◆ 양미간

☞ 양 미간(眉間)이란 줄여서 미간(眉間)이라고 보통 칭(稱)한다.

　미간(眉間)이란 눈 섶과 눈 섶의 사이를 말한다. 목(木)과 화(火)의 작용을 많이 나타내는 곳이다.

☞ 여드름이나 뾰루지 등이 생기면 스트레스를 많이 받아 화병이 발생한 것이다. 피부병의 일종 인데 금(金)인 피부(皮膚)가 화(火)의 극(剋)을 받으니 생긴다.

◆ 광대뼈

☞ 얼굴의 좌, 우에 있는 관골을 말하는데, 오악의 동서를 관장 하는 곳이다.

☞ 광대뼈 주위에 붉은 기운이 보이면 콩팥이 약해 온몸에 열이 나는 증상을 보인다.

☞ 광대뼈 부위는 어깨에 관한 반응을 본다.

☞ 뺨 부위에 색조가 두드러지면 항상 몸의 기능에 이상이 있다고 본다.

☞ 뺨과 코 사이에 나타나는 색(色)을 보고 대장과 소장의 기능을 본다.

☞ 광대뼈가 지나치게 돌출(突出)되면, 전체적인 골격(骨格)의 균형이 흐트러짐을 나타내어 골격(骨格)인 금(金)의 기능이 부실(不實)하고, 그와 더불어 폐(肺) 기능도 안 좋다.

◪ 입으로 보는 건강 법.

◪ 입술

☞ 입술은 입을 말하는데, 사람이 말을 하여 상대에게 의사를 전달하고, 음식을 먹음으로 인하여 신체의 모든 기능을 활발히 하도록 모든 영양분을 들이는 곳으로 매우 중요한 역할을 하는 곳이다.

● 수납하는 곳으로 출납관(出納官)이라고 한다. 혀의 문호(門戶)다.

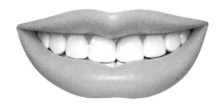

☞ 입술은 얇은 것보다는 두터운 것이 좋은 것이고, 지나치게 두터우면 야심(野心)과 욕심(慾心)이 많아 통반장은 다 하지만 실속이 없다.

만족(滿足)을 모르는 스타일이고, 여자의 경우는 성욕(性慾)이 강하여 일부종사를 못하는 경우가 많다.

설사 일부(一夫)종사(從事)를 한다 하여도 정부(情夫)를 두고 있는 경우가 많다.

☞ 입술이 뒤집어진 경우는 필히 2-3번 결혼을 하는 경향이 많다.

☞ 입술은 선(線)이 뚜렷할수록 자신의 소신(所信)이 확실하다.
지나칠 경우는 항상 구설(口舌)에 사기꾼의 경향이 많다.

☞ 입술은 비위, 즉 장(腸)과 위(胃)를 나타낸다.
모양과 두께도 건강에 튼 영향을 끼친다.

☞ 입술이 두껍고 입이 크면 그만큼 식욕도 왕성하고 소화도 잘 된다.

☞ 입술의 색이 자흑색을 나타내면 하는 일이 막히고, 계획이 틀어지고, 부도(不到)가 나며 만사(萬事)가 흉(凶)이다.

◉ 모양으로 보는 상법.

☞ 입은 항상 단정하여야 하며 활의 모양을 갖춘 것이 길상(吉相)이다.
그래야 화살을 쏠 수가 있으므로 공직에 임하고, 제대로 기개를 펼 수 있다.
☞ 입술의 빛이 자색을 자주 띄면 항상 재물을 지나치게 탐하는 사람
    이다.

☞ 입술이 뾰족하거나 주머니의 형상을 하
고 있으면 항시 곤궁하고, 자손이 박한 팔
자이다. 자식이 있다하여도 박복한 사람이
다.
☞ 입이 한 일자 모양➜ 가난하고, 무식
☞ 입술 밖으로 이가 튀어나와 보이면 말
만 많고 실속이 없다.
☞ 입술의 색이 붉어 주홍색을 항시 유지
한다면 재물에는 궁함이 없다.

☞ 입술이 바짝바짝 마르는 경우는 간 기능이 뚝 떨어졌다. 유달리 입술이 바
짝 마르는 것도 몸이 좋지 않다는 신호다. 특히 간(肝)이 많이 지쳐 있을 때
일어나는 증상.
☞ 스트레스를 많이 받거나 지나치게 긴장하면 뇌신경에 무리를 주어 간 기능
이 저하, 입술이 마른다.
☞ 오행(五行) 상으로 목(木)에 해당하는 부분이 영향을 받는다.
☞ 입은 **남녀 각각의 성기(性器)**를 나타내는 곳이기도 하다.
☞ 특히 주변이 헐거나 다른 것이 자꾸 생긴다면 이상이 있다는 증상이다.
☞ 자궁, 방광에 혈액 순환 장애 입 주변에 뭔가 많이 난다면 자궁이나 방광
쪽의 이상 여부를 체크해보아야 한다. 이런 증상은 생리 불순이나 냉, 대하 등
으로 자궁 주변에 혈액이 부족하거나 순환이 잘되지 않기 때문.
☞ 인중이 탁하고 어두운 색을 나타내면 자궁 질환을 의심할 수도 있고, 그 색
이 집중되어 점처럼 나타나면 자궁에 종양이 있을 가능성도 있다.

❑ 입술의 색으로 보는 건강법.

☞ 심장에 혈액 부족, 건강에 이상이 있으면 입술의 색에 변화가 생긴다. 색은 여러 가지로 변화가 되니 특히 상을 볼 적에는 입술의 색의 변화에 민감하여야 할 것이다.

☞ 입술이 검고 푸른색을 띤다면 어혈이 뭉쳐 있기 때문이다.

☞ 혈액의 순환이 원만하다면 결코 검은 빛은 보이지를 않게 된다.

핏기가 없는 입술은 기가 허하고 피가 부족한 상태고, 지나치게 붉다면 열이 많고 피가 넘친다는 증상이다.

● 이처럼 혈액이 탁한가, 부족한가, 넘치는 가에 따라 입술색은 달라진다.

☞ 오행 상으로는 수(水)의 기능과 금(金)의 기능을 점검 하여본다.

☞ 조금만 피로하여도 입술에 물집이 생기거나 부어오르는 경우는 비장의 기능에 이상이 생기거나 기능이 약화된 경우이다.

☞ 면역기능이 저하 상태임을 나타내는데, 비장은 몸의 면역기능을 관할하는 곳이다.

비장이 약해지면 몸이 피곤해지고, 저항력도 약해져 평소에는 나타나지 않고 몸속에 숨어 있던 헤르페스라는 바이러스가 신체의 기능이 저하되었을 때 입술에 물집으로 나타나게 된다.

문 입술은 비장과 위장의 지배를 받는다.

☞ 위장에 열이 많기 때문에 입술이 거칠어지고 트는 것.

위장에 영양을 공급해 비위를 건강하게 해주면 치료에 도움 된다.

☞ 신경을 많이 쓰거나 스트레스를 과도하게 받으면 이런 증상은 더욱악화. 영양상으로 비타민 B2가 부족하면 트고 갈라지는 증상이 더욱 두드러진다.

☞ 목(木)의 기능이 왕(旺) 하여 토(土)를 극(尅)하는 형상이다.

화(火)의 기능이 약(弱)할 경우➔ 신경성 정신질환으로도 이어진다.

☞ 입술이 크면서 힘이 없으면, 장(腸)이 약(弱)한 것이므로 소화 장애, 설

사, 헛배 부름, 트림 증상이 나타난다.

☞ 입술이 도톰한 사람은 음식 습관이 나빠 비, 위의 기능이 상하기 쉽다. 항상 기운이 없고 눈동자에도 힘이 없으며 땀을 많이 흘린다. 혈이 부족하여 변비로 고생하거나 두통이 생기기도 한다.

☞ 입술이 정상적인 형태를 유지하지 아니하고 삐뚤어진 경우는 인체를 구성하는 근본 형, 틀이 좋지 않은 것으로, 비장이 허약할 때와 같은 증상을 보인다.

☞ 뱃속에 물이 고여 배가 팽창되는 증상이 생기기 쉽다.
  복수가 찬다는 표현을 하기도 한다.

☞ 입술이 붉은 기가 없이 허옇게 된 것은 혈(血)이 부족하다는 뜻이다. 혈액 순환이 제대로 이루어지고 있지가 않은 것이다.

☞ 입술이 퍼렇게 핏기가 없는 사람은 몸이 냉하므로 몸이 차면서 소화도 잘 안 되고 장이 나빠서 설사를 하기도 한다. 여자의 경우는 하혈이 심하기도 한다.

☞ 금(金)의 기능이 부실한 것이다. 자연 수(水)의 기능도 약화된다.

☞ 입술이 붉으면 위에 열이 생긴 것으로, 배가 고프면 잘 참지 못하고 급하게 먹기 때문에 위장병이 생기기 쉽다.

☞ 화토(火土)의 기운(氣運)이 강(强)하여 수기(水氣)가 모자라 조급증(躁急症)에 갈급증(渴急症)이 생기는 것이다. 30-40대 남성들은 성생활 과다에 의한 경우가 많이 있다.

◈ 귀로 보는 건강 진단법

☞ 귀는 온갖 소리를 듣고 뇌를 통하여 마음과 가슴을 통하여 그 감정을 나타내는데 기운이 왕성할 때는 소리가 잘 들리나 기가 허하여지면 그 들리는 소리

가 가까워도 잘 들리지가 아니한다.

☞ 귀는 두텁고, 단단해야 건강한 상이다.
    그리고 길어서 머리 위쪽으로 올라가면 장수하는 상이다.
☞ 귀의 크기는 신장의 기능과 직결된다.
    귀가 크면서 단단하지 못한 사람은 신장의 기운이 약해지기 쉬우며 허리통증을 호소하는 경우가 많다.

◉ 귀가 위로 올라붙었다.
☞ 귀가 너무 올라붙으면 신장도 제 위치보다 높이 붙어 있는 것이므로 등과 척추가 아파서 구부렸다, 폈다 하는 동작을 잘 하지 못한다.

◉ 귀 위치의 상관관계와, 귀문.
☞ 신장도 아래로 내려와서 허리와 궁둥이가 아프고 오래 앉아 있지 못한다.
☞ 귀에 살이 풍만하여야 건강한 상이다.
☞ 귀문이 넓으면 건강하여 두뇌활동이 왕성하고, 어지간한 일에는 소심한 사람처럼 신경을 쓰지를 아니한다. 마음이 심대하고 속이 넓어 스트레스와는 상관이 없는 사람이다..
♣ 소변의 줄기가 힘차고, 소리도 요란하다.(밝히는 시아버지와, 며느리의 고사를 한 번 음미하여보자.)

◈ 코로 알아보는 건강 진단법

♣ 코는 사람의 얼굴의 중앙에 위치하여 오행 상으로도 가운데인 토(土)에 해당이 된다. 재물과 연관을 지어서 본다. 그리하여 재백 궁이라 칭한다.
♣ 코는 얼굴을 대표하는 부분으로 항상 호흡을 하는 곳으로 폐와는 불가분의 관계를 유지한다. 고로 코를 보고서 金과 연관 지어보면 될 것이다.

♣ 코는 오악중 제일 높아야 하는 곳이다.

◉ 코가 크다.
♣ 기의 순환작용이 좋아 밖에 나가 활발히 움
직인다거나 여러 사람과 만나는 등 기를 많이
소모하는 일이 적합하다.
♣ 코가 크면 자연 콧구멍도 큰 편인데 호흡을
충분히 하므로, 콧김도 세고 건강도 상태가 항
상 좋은 것이다.
◉ 코를 통한 소리를 듣고 보는 법.
♣ 흔히들 잠을 잘 경우 살펴보면 그 사람의
건강 상태를 알 수 있다.

숨소리의 강약과, 소리의 장단, 몸의 뒤척거림 등을 살펴보고 아는 것이다.
코골이가 심한 경우는 물론 선천적인 경우도 있지만, 일단은 좋은 상   태가
아닌 것은 틀림이 없는 것이다.
예로부터 잠꼬대가 심하거나 코고는 소리가 큰 사람에게는 긴급을 요하거나 ,
비밀을 요하는 일은 맡기지 말라고 하였는데, 이는 일의 중요한 사안에 관한
문제도 있지만, 남이 금방 알 수 있고, 간직하지 못한다는 이야기인데, 그냥 넘
기고 지나갈 이야기가 아닌 것이다. 그만큼 과학적이고 합리적인 이야기이기
때문이다.

이런 사람은 일단 몸이 약한 것이다. 심신의 상태가 정상이 아니라는 이야기인
것이다. 정신적인 스트레스가 심하고, 심폐기능에 문제가 있고, 약간의 정신적
인 질환을 갖고 있는 사람인 것이다.

♣ 심장이 약하고, 당뇨 등 합병증이 있고 지구력이 약한 사람인 것이   다.
코를 골 경우 드르렁 하고 한동안 숨이 길게 멈추어지는 사람은 위험한 사람이
다. 그것이 자주 반복이 되면서 숨이 끊어지는 수가 생기기 때문인 것이다. 이
런 사람은 항상 옆에서 주의 깊게 관찰을 하고 수발을 하여야 한다.

연세가 많으신 분들의 경우 말이다.

♣ 잠자는 사이에 흔한 말로 "밤새 안녕!------."
어떤 이는, 진짜 편안히 조용히 가셨어! 하지만 살릴 수 있는 목숨을 잃어버린
것이라고 생각해야 한다. 산목숨을 죽인 것이다. 물론 병환이 중(重)하여 그리
돌아가시는 경우도 있지만, 큰 병(病)도 앓지 않으면서, 그런 경우가 있었다면
누구나 한 번 쯤은 생각해볼 문제다.

.☞ 밤사이에 안녕하신 경우는? 이런 경우가
많다.
이에 대한 처치 방법은 고개를 살짝 돌려준다
던가, 비계의 높이를 조절하든가 일단은 그 상
황이 연속(連續)되지 않도록 처치(處置)해야
하는 것이다.
살짝 깨우는 것도 한 방법이다.
☞ 왜, 그렇게 코를 심하게 골아요?
　옆 사람 잠도 못자겠네!　하면 아니, 내가 그
렇게 코를 골았어 ? 하면서 잠깐 눈을 뜬 후
다시 잠을 잔다. 이것이 삶의 지혜다.
듣기 싫다고 나가면 안 된다!

이 책을 읽으면서 이것 하나만 알아도,
책값의 수 백, 수 천 배는 버는 것이다.

◉ 일반적으로 술을 과하게하던가. 심히 피곤하여 코를 심하게 골 경우는 필히
잊지 말아야 하는 응급조치 중의 하나인 것이다.
돈 안들이고 하는 예방 방법인 것이다. 그런데 이것이 엄청난 효과가 있는 것
이다. 실지로 코를 유난히 많이 고는 사란이 옆에 있을 경우, 고개를 살짝　반
대 방향으로 하여보라, 언제 그랬느냐는 식으로 갑자기 조용해진다.

◉ 코가 휘었다.

☞ 코가 휘면 등뼈가 휘어서 허리와 등과 어깨가 아프고 뒷목이 늘 뻣뻣하다. 원인은 몸이 냉하기 때문으로 → 생식기(生殖器)가 차면 그 위로 올라가는 등 뼈가 휘고 이에 따라 코도 차츰 휘는 것이다. 금(金)인 관절(關節)의 연결 상 태가 부실한 것이다.

◉ 코가 붉다.

♣ 코가 붉으면 풍(風)이거나 신장에 열(熱)이 많은 경우이다.

♣ 코끝이 붉으면 방광염(膀胱炎)이나 신장(腎腸), 생식기(生殖器) 쪽에 문제가 있음을 뜻한 다.

♣ 술에 중독(中毒)이 된 경우도 이와 같다.

◉ 콧등이 볼록하다.

♣ 몸 전체의 순환작용이 제대로 이루어지지 않아 심폐기능, 가슴통증, 소화불 량, 십이지궤양 등의 문제를 일으킨다.

♣ 콧대가 둥그스름하여 인당까지 뻗칠 경우는 미인을 아내로 맞는 경우가 많 다. 여자의 경우는 오히려 팔자가 세거나, 여걸의 기상으로 대외적인 활동을 많 이 하나, 가방끈이 짧을 경우 또는 열악하지 못 할 경우는 뭇 남성들의 시선이 부담스러워진다. 그 모양에 따라서 판단이 내려지는 것이다.

선의 흐름이 완만한가, 아니면 그 선의 굴곡(屈曲)이 문제다.

오르고 내리고 굴곡이 확연한 사람은 해로(偕老)하기 힘든 사람이다.

◆ 얼굴색으로 알아본 건강

♣ 상학(相學)적으로 볼 때 얼굴 색(色)은 장부(腸部)의 기능을 나타낸다.

♣ 청색은 간, 붉은색은 心 (심장), 황색은 脾 (위장),

♣ 백색은 폐, 검은색은→ 腎 (신장)에 배속이 된다.

안색(顏色)을 볼 때는 농도, 윤택도, 기 흐름 등을 복합적으로 판단해야 한다,

♣은은하게 붉고, 노랗고, 부드러운 광택이 있는 얼굴이 건강한 얼굴이다.

♣ 얼굴빛이 멍이 든 듯 푸르스름하다

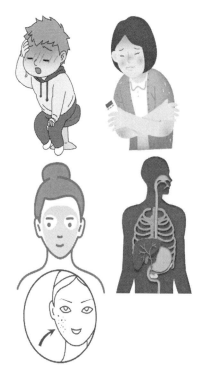

♣ 얼굴빛이 퍼렇고 손톱이 마르면, 간에 열이 있다는 것으로 간이 나

쁘다는 것이다.

●간이 피로에 지쳐서 기 순환이 안 되고 기가 한 곳에 뭉친 상태다.

●화를 잘 내고 옆구리가 아프기 쉬우며 대소변이 시원하지 않은 증상도 나타난다.

♣ 소위 말하는 불그락, 푸르락의 반복이 되는 경우도 있다.

♣ 단맛과 매운맛으로 간의 기능을 회복(回復)시켜야 한다.

♣ 파뿌리 달인 물을 마시면 도움이 되고, 산딸기, 모과, 부추, 자두 등을 자주 먹도록 한다.

♣ 얼굴이 부끄러움을 타듯 벌겋다.

☞ 대체적으로 내성적인 성격에서 많이 나타난다.

☞ 심장에 이상이 있으면 양 볼만 지나치게 붉게 된다.

☞ 입이 마르고 조그마한 일에도 잘 웃게 되며 가슴이 두근거리고 불안해지는 증상을 보이는데, 고혈압, 심장 질환, 류마티스 질환 등을 의심해야 한다.

☞ 술을 즐기면서 얼굴이 빨갛게 되면 심장을 돕는 간장의 해독 기능이 약해졌을 수 있다. 마음속에 쌓여 있는 부분이 항상 많은 사람이다.

☞ 쉬 흥분하고, 감정을 억제하기 힘들어진다.

▶ 심장에는 살구가 좋다.

날달걀은 마음을 진정시키고, 명치 아래에 있는 열을 없애기 때문에 화병에 도움이 된다. 속 시원하게 풀어내지를 못함으로 인하여 항상 가슴앓이요, 엉뚱한 곳으로 화풀이를 하곤 한다.

2007년에 발생한 미국의 버지니아 공대의 총기사건을 한 번 기억하여보자. 물론 정신적인 면이 주원인 이지만, 지금은 얼굴의 색을 논하는 것이다.

♣ 얼굴색이 노랗다.

보통 황달에 걸린 것 같다는 표현을 하는데, 그런 상황이라고 보면 된다.

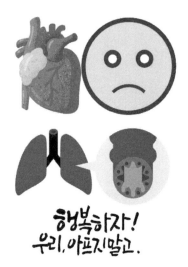

☞ 위장 등 소화기관에 문제가 생기면 얼굴이 누렇게 된다.

소화가 잘 안 되고, 배가 더부룩하고, 몸이 무겁고 쑤시는 경향을 보이기도 한다.

☞ 당뇨, 위장병, 위 십이지장 질환일 가능성이 있고 노란빛이 강하면 황달이나 간장병, 용혈성 빈혈, 암까지도 의심해 볼 수 있다.

➡ 위장(脾)에 도움이 되는 음식인 꿀물, 쇠고기, 붕어, 아욱, 찹쌀, 곶감, 대추 등을 자주 먹이도록 한다.

♣ 얼굴의 색이 대체적으로 하얗다.

밖으로의 외출이 별로 없어 그런 경우도 있지만, 그것과는 별개이다.

♣ 얼굴이 핏기가 없이 백인종의 형상을 이룸을 설명한다.

☞ 얼굴색이 창백하게 희면서 노란 기가 섞이면 폐에 병이 생겼거나 양기가 부족한 경우이다.

☞ 양기(陽氣)가 부족하면 기력이 쇠하고 힘에 부쳐 기 순환(循環)이 어려워지고, 혈액순환(血液循環)이 안 돼 얼굴에서 핏기와 윤기가 사라진다. 피가 부족하면 빈혈, 저혈압, 천식발작 등이 일어나기 쉽다.

☞ 어린아이 일 경우는 백혈병을 의심하여 보기도 한다.

어떤 어린이는 오히려 거무스름한 색을 보이는 경우도 있는데 이는 합병증으로 인한 경우이다.

☞ 백혈병환자 인데도 검은색을 보이는 어린이도 있다.(증상이 심할 경우.)

▶ 폐(肺)에 도움이 되는 인삼, 오미자, 호도, 은행 복숭아 등을 먹으면 몸이 따뜻해지면서 양기가 보충된다. 오미자는 차로 달여 마시면 좋다.

♣ 얼굴에 흑색의 기운이 돌기 시작하거나 , 검어지는 경우.

◉ 갑자기 얼굴이 검어지는 것은 신장에 이상이 있다는 신호이다.

◉ 몸을 따뜻하게 하는 신장의 기운이 부족하면, 몸이 차가워지고 열이 부족하여 피부가 검은 색으로 변한다.

● 갑자기 아랫배가 아프고 설사 등을 자주 하게 되면 신우염, 방광염, 부인과 질환을 의심해 봐야 한다.

◉ 밤에 유난히 추위를 잘 타서 이불을 여름이라도 꼭 덮고 자는 경우가 이에 속한다.

♣ 신장(腎腸)에 이상이 있을 때는 산딸기, 밤, 검정콩, 검은깨 등을 먹으면 도움이 된다.

◆ 상법(相法)으로 보는 건강법

◉ 우선적으로 우리가 판단할 수 있는 것은 상법(相法)으로 보는 법이다. 사람은 겉과 속이 다르다고들 흔히 말하는데, 이는 보는 사람의 관점과 판단이 그만큼 중요하다는 것을 말하는 것이다.

◕ 기색(氣色)이라는 말이 있다.

● 기색(氣色)이란? 기(氣)와 색(色)을 말하는 것인데, 기(氣)란 기(氣)로써 몸

안에 간직된 기운(氣運)을 말하는 것인데 그것은 겉으로는 형체가 보이지 않아 물체의 상태나, 움직임, 균형 등 여러 가지 방법으로 그것을 판단을 한다. 그런데 그 기가 밖으로 표출(表出)을 시도하는데 그것이 바로 색(色)인 것이다.

● 사람에게 있어서는 그것이 물리적인 행동이나 몸짓, 움직임, 입을 통한 소리, 사람의 인체에 있는 모든 구멍을 통하여 그것이 표출되는 것이다. 각 구멍에 대한 표출 방법을 살펴보자.

☯ 구멍이란 인체에 뚫린 아홉 개의 배출구를 말하는데, 희한하게도 글자 그대로 9개다. 열이라는 단어도 들어가는데, 설명은 추후에 하기로 .

① 눈구멍
●눈은 왼쪽 눈, 오른쪽 눈 2개의 구멍을 갖고 있다.
각각을 해와 달로 비교를 하는데,
●왼쪽은 해가 되고, 즉 날(日)이 되고, 아버지로 보고
●오른 쪽은 달이 되고, 어머니로 본다.

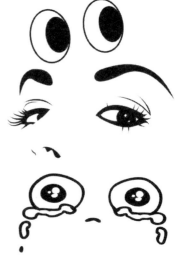

사람이 잠을 잘 때는 눈을 감고 잠을 자는데 그 때는 모든 것을 쉬고 있는 것이다. 즉 神(신)이 정신이 쉬고 있는 것이다.

●사람이 죽을 때 눈을 감지 못하고 죽으면, 손으로 두 눈을 덮어주는 것이 이제는 더 이상 세상사 일에 신경을, 즉 정신을 두지 말고 잊고 편안히 가라는 의미다.

●반대로 눈을 뜨고 있을 때는 정신은 큰 비중으로 모든 것을 일단은 눈에 의지하게 된다. 물론 여러 기능을 가진 부위에도 의존을 하지만 그 가운데서 가장 큰 비중을 차지하는 것이다.

●사진을 찍을 때 렌즈가 깨끗하여야 사진이 깨끗하듯, 일단은 눈의 상태가 깨끗하고 건강해야 하는 것이다.

아무리 잘 찍어도 렌즈의 상태가 시원치 않을 경우 그 사진은 보나마나 한 것

이다. 설명은 이정도로 하고

② 콧구멍
코에는 두 개의 구멍이 있다.
두 구멍을 통하여 배출되는 상태를 보고 인체의 기능을 체크하여 보기도 한다.
외형상으로 나타나는 모습을 보기도 하고 코의 색을 보기도 하고 그 변화를 읽어 보는 것이다. 그리고 그와 연관된 기능을 확인한다.

③ 귓구멍
양쪽으로 두 개가 있다. 소리를 듣는 기능을 하는데 크기, 위치, 살의 정도, 젖혀진 정도, 등 등을 보고 관장하는 기능을 체크 한다.

④ 입구멍
입은 하나의 출입구로 형성이 되어있다.

⑤ 항문
구멍이라는 표현을 빌리자면 속된 표현인지는 몰라도 똥구멍이라고 우리는 말한다. (괄약근의 운동이 건강에 좋다.)
인체 내에 축적된 노폐물을 밖으로 내보내는 역할을 하는 곳이다.
이곳을 통하여 간단히 알 수 있는 것은 외형상으로는 소리인데 방귀소리를 듣고도 그 사람의 건강상태를 체크하기도 한다.

⑥ 요도구
성기에 나 있는 구멍을 말하는데 신장, 방광과 연관이 되어 진다.
이의 성능과 기능에 관하여도 알 수가 있다.
이상의 여러 구멍을 합하면 아홉 군데가 되는데 이를 통틀어 구멍이라는 표현이 적당 할 런지? 여성의 경우는 한 곳이 더 있어 열로 보기도 한다.
☯ 이것은 기(氣)의 발산(發散)이라는 차원에서 설명한 것이다.
인체의 기의 흐름을 보고, 듣고, 느끼고 한다는 설명이다.
그래서 우리는 그것의 정도를 보고 기가 어느 정도인가?

또는 정상적인 흐름을 이어가는가, 아니면 비정상적인 흐름으로 이어지는 가를 판단하는 것이다.

그런데 움직임 이 없을 경우 그 氣를 어떻게 판단을 할 것인가?

인체에서 나타나는 것이 피부를 통한 색으로의 표현이다..

얼굴, 손, 발, 눈, 코, 입, 귀 등 신체의 각 부위가 전부 다 각자의 색깔을 나타내는 것이다. 그리하여 그것을 보고 판단하는 것이다.

실질적인 움직임이 아닌데도 손과 발이 떨린다던가, 눈이 바르르 떨린다던가, 오금이 저린다던가 등 모든 것이 변화에 대한 그 기(氣)의 반응이다.

이 때 그것을 놓치지 아니하고 보는 것이 바로 상법이다.

움직일 때는 움직이는 데로 가만히 있을 때는 가만히 있는 데로 그 모든 변화를 읽어 내려가는 것이 상을 보는 것이다.

그 대표적인 방법 중의 하나가,

☯ 기색(氣色)을 보는 것이요

☯ 심상(心相)이라 하여 그 사람의 마음을 읽는 것이다..

◪ 심상(心相)을 보는 방법.

사람이란 본디 심성이 어질지만 급박한 경우나, 다급하고, 찰나의 순간이면 자기도 모르게 본연의 행동이 표출되기도 하곤 하는데, 그런 순간은 항상 같이 지내지 않는 한 그것은 잘 보기가 힘든 것이다.

◉ 제일 상을 잘 보는 사람은 바로 옆에 있는 가장 가까운 사람이라고 말을 하는 것이다.

◉ 숨소리만 들어도 어느 정도, 무슨 생각을 하고, 어디가 불편한지를 아는 정도 까지가 되는 것이다. 부부간, 가족 간 수 십 년을 가까이서 지내오니 그 이상 어찌 더 자세히 알겠는가? 하지만 거기에도 맹점이 있는 것이다.

◉ 객관성이 결여 되는 것이다.

이제 말하는 사항들은 모두가 삼자의 입장에서 편중된 정이나, 연에 끌리지 않고 냉정히 바라보는 그러한 면을 적어보는 것이다.

☞ 우선 크게 나누어 오래 살 것인가? 아니면 짧게 살 것인가?
즉 장수할 것인가?, 단명할 사람인 가를 구별하는 것이다. 세부적인 것은 더 나은 방법을 택하면 되는 것이고 일단 그 자체만을 간단히 논하여 보자.

☯ 短命(단명) 하는 사람을 판단하는 법.

♣ 나이에 비하여 노인의 행세를 하는 사람.
☞ 흔히들 애늙은이 하고 이야기들을 하는데 이것은 그리 좋은 것은 못되는 것이다. 아이 이면 아이다워야 하고, 그 나이에 걸 맞는 처신과 행동을 해야 하는 것이다.
그렇다고 무조건 적인 것은 아니다. 약간 어느 정도는 어른스러움이 있는 것은 좋으나, 그것이 지나치면 곤란하다는 이야기다.
이미 앞서서 세상을 살고 있으니 자연 단명(短命)할 수밖에.

♣ 사주에 화기가 많아 그것을 참지 못하고, 항상 조급함에 실수와 사고를 치는 사람. 이러한 사람은 매사에 큰일을 성취하기가 힘든 사람이다. 조급함으로 인하여 심장계통의 질환을 앓거나, 그와 연관 된 질병이 있는 사람이라 장수와는 약간 거리가 생기는 사람이다. 이러한 사람이 장수하기를 원한다면 심성을 다스리고, 욕심을 버리고, 남을 이해하는데 앞장을 서야 할 것이다.

♣ 지나치게 큰 소리를 하고, 사소한 잘못을 용서할 줄 모르고 남을 탓하며, 원망을 자주하는 사람 역시 장수하지 못한다.
지나친 심경의 변화로 인하여 화기가 기복이 심하여 심장계통이나 신장계통에 이상이 자주 발생하여 병치레가 심한 경우가 된다.

♣ 크게 하여도 될 말을 소곤소곤하는 사람은 식상기가 약한 사람이라, 자기의 속뜻을 시원스레 밝히지 못함으로 인하여 항상 위축이 되어있는 사람이라, 관이 왕한 사주의 소유자로 항상 잔병치레에 매사 남의 손에 이끌려 다니고 자기의 몫을 제대로 찾지도 못하고, 사후에 자손에게 변변한 집이나, 재산도 자기의 흔적도 못 남기고 가는 사람이다.

♣ 남 보기에는 청백리 인 것 같으나, 실제로는 자기의 이권과 명예를 좇는 사람, 역시 식상기가 지나치게 발달하여 인성이 약한 사주의 소유자라, 자기의 명줄을 스스로 갉아먹는 형국이라 이런 사람 역시 자연히 단명 하는 사주의 소유자 인 것이다.
식상기가 왕 하면 스스로의 건강에 대한 지출이 심한 것이라 보충이 어려워 건강을 금방해치는 것이다.

♣ 오전에 한 말과 오후에 한 말이 다르고, 항상 이랬다저랬다 하는 사람은 중심이 허한 사람이라, 사주의 기운에서 중간에서 중화 역할을 하는 기운이 부족하고 합과 충이나 변화가 많은 사주의 소유자라, 용신 또한 불분명한 사주라 운에서나 환경에 따라 수시로 변하는 사주와 운명의 소유자고, 매우 신약한 사주라 건강 역시 건강하지 못하니 단명 하는 운명이 되는 것이다.

♣ 겉으로는 친한 척 하다가도, 언제 등을 보일지 모르는 사람은 외음내양도 아니고, 외양 내음도 아닌 중성 된 성향의 소유자라, 술에 술탄 듯, 물에 물탄 듯, 그 색깔이 없어 이도저도 아닌지라 아무런 혜택을 못 받으니, 이 또한 복이 없는 사람이라 건강복도 자연 없는 것이다.

♣ 남의 허물을 잘 용서하고, 인내심이 강한 자는 얼핏 보면 대인의 기질이라 오래 살 것 같으나, 그 역시 지나친 인성의 누적된 기력으로 인하여 많은 속세의 사회에서는 어울리지가 않는 사람이라 장수를 하려면 따로 운둔된 생활을 하여야 장수한다. 연구직이나, 학술, 종교 그런 종류의 직업을 택하면 장수한다. 그러나 사회활동에 임하면 단명 하는 사람이 된다.

♣ 만족을 모르고 항상 배가 고프다고 이야기하는 사람은 장수하는 사람이나, 항상 그 업보가 지식에게 내려와 말년에는 항상 구설에 망신수가 있는 사람이다. 지나친 욕망과 아집으로 뭉쳐진 사람이다.

♣ 성날 때 성내지 아니하고, 슬플 때 슬퍼하기를 참는 사람은 울기와 화기를 스스로 달랠 줄 아는 사람이나, 그것이 반복이 된다면 그 사람은 급작-사 하

는 사람이다.

☞ 음(陰)과 양(陽)은 때로는 바뀔 수도 있다.

외음내양(外陰內陽)이요, 외양내음(外陽內陰) 이므로, 그러나 그것이 자주 반복이 된다면 음과 양이 완전히 바뀐 줄 알기 때문에 급작스레 죽는다.

♣ 희로애락(喜怒哀樂)을 겉으로 잘 드러내지 아니하는 자는 항시 중간에 있는 사람이라 이리 치이고, 저리 치이고, 그 역시 객사(客死)나 단명(短命) 하는 사람이요, 급작사하는 사람이다.

♣ 사람의 신체균형상 상하가 조화를 이루어야 하는데 특히 상체가 길고 하체가 짧은 경우는 상체의 무게가 항상 하체를 누르는 형상이라 항상 건강에 이상이 있다.

☞ 상, 중, 하 로 나누어보면 상(上)과 중(中)이 과도(過度)한 것이라, 오행으로 보면 목화(木火) 가 편중이 되어 있는 사주라 양(陽)이 과도하여 음(陰)인 금수(金水)가 약(弱)한지라, 그에 해당하는 질병에 시달리니 잔병치레가 심하고 장수(長壽)하지 못하는 것이다.

☞ 반대로 하체(下體)가 지나치게 길 경우 요사이는 쭉쭉 빵빵하여 선호하는 경향이 있으나 약간 긴 것은 좋으나, 지나치게 길면 그 또한 흉상(凶相)으로 본다. 흉상은 단명(短命)하고 여러모로 좋지 않은 형상인 것이다.

상체(上體)가 약하면 사람이 경망스럽고 머리에 든 것이 없어 무식한 성향이 있고, 배워도 써먹지 못하는 사람이다. 혹 젓가락 같이 하체도 약한 경우 제꾀에 제가 넘어간다. 영리하다.

☞ 맨 날 가방만 들고 다니고, 어깨 너머로 공부하는 사람이요, 진지한 면이 부족한 사람이다. 항상 날아가는 형국이라 아무리 좋은 옷을 입고, 품위를 보이려 하여도 나타나지가 않는다. 사람이 가볍고 경망스러워 보인다.

♣ 걸음걸이가 일정하지 않고 약간 기우뚱하듯 걷는 사람.

☞ 오장육부가 항상 안정이 되어있지 않은 사람이라, 골격이 약하고 허리가 항상 움직이니 토(土)인 중심이 없는 사람이라, 소신(所信)이 없이 사는 사람이다.

☞ 내분기계통에 항상 시달리고 금(金)인 뼈도 약하니 항상 골골하며, 일찍부터 관절염(關節炎)이나 골다공증(骨多孔症)은 안고 사는 사람이니 단명(短命)하는 것이다.

☞ 신장(腎腸) 기능 또한 약한 것이 당연한 것이다.

♣ 얼굴색이 깨끗하지가 못하고, 혼탁하고 윤기도 없이 뿌연 형상을 이루면 정신이 맑지가 않고, 항상 혼미한 상태라 무엇을 시켜도 제대로 일을 처리하지 못하고, 손에 쥐어주어도 모르는 사람이라, 남의 일에 기웃거리기 잘하고 불구경하듯 항상 방관자의 자세라,
내 것이 무엇인지도 구별을 못하니 조상이 물려준 재산 항상 다 털어먹고, 남에게 사기 잘 당하고 사랑에 속고, 돈에 우니 결국에는 병고에 시달리다 세상을 하직하는 상이다.

♣ 사주의 성향을 살펴보면 재(財)나 관(官)이 왕(旺) 하여 신약(身弱)한 사주의 소유자 이다. 재다신약(財多身弱)인 경우는 항상 일은 잘 벌리는데 마무리가 항상 약하다.
재성이 강하므로 인성이 약한 것은 당연한데, 결실인 마무리와 끝내기가 약하다. 바둑으로 치면 중반전 까지는 압도적인 우세를 유지하지만 항상 끝내기에서 뒤집히고, 사활(死活)의 경우 쓸데없는 맥 점을 두어 항상 다 된 밥에 코를 빠트리는 형국으로 일을 처리한다.

♣ 지난 후 곰곰 생각을 하여보면 충분히 승산이 있고, 발전성도 있는 일인데도 스스로 제 풀에 꺾이는 꼴이 되고 만 것을 항상 후회하는 스타일이다.
깔끔한 면도 부족하고 마무리가 항상 단점이다.(털털한 것이 특징이다.)

☯ 기색(氣色)을 보는 방법.

기색(氣色)을 보는 방법은 참으로 많다. 일일이 열거하기에는 지면이 부족하고, 관상 편에서 심도 있게 다루는 것이 나을 것이다.

◉ 그 중의 칠 색론이라는 것이 있는데 살펴보도록 하자.
   일곱 가지 색으로 분류를 하여 보는 방법이다.

① 청색(靑色)
② 적색(赤色)
③ 황색(黃色)
④ 백색(白色)
⑤ 흑색(黑色)
⑥ 홍색(紅色)
⑦ 자색(紫色)

① 청색(靑色).

● 청색은 오행 상으로 목에 해당이 되는데, 진방(辰方)애 해당한다.
내과계통으로 간(肝)과 담(膽) 등을 주로 보는데, 간(肝)계통의 기능이 약화되거나 이상이 생기면 눈이 침침하고 눈빛이 노란색을 띄는 경우가 많다.
청색(靑色)을 신체의 부위에서 발견 할 경우 어디를 생각할 것인가?
♣ 입 부근 주위가 청색을 띨 경우 상대의 연령을 대비하여 추리하라.
   일단 중풍(中風)이나, 치매(癡呆)를 생각하여 볼 수가 있다.(중년 이후)
♣ 승장(承漿)이라 하여 입술의 밑 부분이 푸른색을 나타내면, 지나친 음주로 인하여 병(病)이 있다는 표시이다.
♣ 눈 밑이 청색의 기운을 나타내면 고질병으로 고생을 하는데 또 심해진다.
♣ 기의 빛이 푸른색을 나타내면 허리에 이상이 있다는 징조이다.
♣ 여자가 눈 밑이 푸르면 미혼일 경우는 이성과의 이별이요, 기혼자일 경우는 이혼을 하거나, 남편을 영영 못 볼 수가 있다. 임신중절도 볼 수 있다.

♣ 인중(人中)이 푸르면 심적인 스트레스로 인하여 고생이 심하다.

② 적색(赤色)

※ 적색(赤色)은 남(南)쪽을 의미하고, 오행(五行)으로는 화(火)다.
● 계절(季節)로는 여름이다.
● 적색은 색깔 그대로 가정 정열적(情熱的)이고, 열정적(熱情的)인 부분인데 인체(人體)에서 ➡ 심장(心臟)을 나타낸다고 본다.
● 색(色)은 밝고 윤택해서 새 신부의 얼굴에 연지를 찍은 듯 화사하고 밝은 빛깔이 좋은 것이다.
♣ 코끝이 붉은 색이 강하면 병을 갖고 있는데 그 **병(病)이 오래간다.**
♣ 법령이 붉으면 술로 인하여 건강을 해치고 망신(亡身)수에 구설(口舌)이 끊이지 않는다.
♣ 좌우(左右)의 관골이 붉으면 병이 떠나지를 않는데 그에 연관된 병을 찾으면 된다.
.♣ 붉은 줄이 두 눈 섶에 연결이 되면 그 사람의 수명(壽命)이 얼마 남지가 않았음을 의미한다.

③ 황색(黃色)

※ 황색은 오행이 토(土)요, 중앙(中央)이다.
　황색은 몸의 비장(脾腸)을 보는데 ➡ 얼굴의 입과 그 혈(血)이 통하였다.
● 황색(黃色)이라 함은 맑고 깨끗하여 다른 잡색(雜色)이 섞이지 않은 순수한 색을 말하는데 정색(正色)이라고 한다.
♣ 황색이 입가에 나타나면 질병이 생겼다는 표시이다.
♣ 수상(手相)에 황색이 있는 사람은 질병(疾病)이나 몸의 상태(狀態)가 차차 나아지고 있다는 반증(反證)이다.

④ 백색(白色)

✻ 백색은 오행으로는 금(金)이요, 가을이고, 서방(西方)이다.

● 금(金)에 연관된 부분→ 폐와 연관 있고, 관절(關節)과 골격(骨格)을 의미.

● 얼굴이 코와 혈맥이 통한다. 백색은 옥과 같이 희고, 장구한 시간이 지나도 변하지 않는 윤택함을 지니는 것을 근본으로 한다. 그러나 사색(死色)이라 하여 희기만 하고 광택이 없는 경우가 있는데, 그 구분을 잘 하여야한다. 여기에서 실수가 나오는 것이다.

♣ 인당(印堂)의 백색이 귀, 입, 코 가지 번지면 곧 중병에 걸릴 징조이다.

♣ 연상(年上)의 백색이 두 눈까지 이르면 흉액이 생길 징조라, 긴 병을 앓고 있는 사람이 있으면 장사치를 준비를 하는 것이 좋다.

♣ 준두(코 끝)가 백색을 비치면 흉사가 생길 징조라 위험한 일이나 운동은 삼가고, 물가나, 산악의 높은 곳은 피하는 것이 좋고, 위험지역의 출입은 금하는 것이 좋다.

♣ 백색이 준두에서 콧대 위로 길게 번지면 가족 간의 불행을 의미한다.

♣ 백색이 어느 부위에 있는 지 잘 살펴 그 빛이 고갈되어 있으면 그 부위에 연관된 질병을 체크하여야 한다.

⑤ 흑색(黑色)

✻ 오행으로는 水에 해당이 되고, 방위는 北方이 된다.

흑색에서의 사색은 전부 마찬가지이지만, 밝고 윤택하지 못한 것이고 흑색이라도 어두운 기가 있는 것은 사색이므로 이 역시 잘 판단을 하여야 한다.

매사 모든 것이 항상 과하면 부족함만 못하다 하였는데 이 역시 마찬가지다.

신장을 의미 하는데, 귀와 혈맥이 통한다.

즉 귀도 신장과 연관이 있다는 설명이다.

♣ 이마의 좌, 우 주변에 흑색이 가로질러 있으면 태양을 가로막는 형국이라 긴 시간이 가지 않아도 사망을 한다.

♣ 명문(命門)과 코밑이 같이 검은 색을 하면 급작사의 우려가 있다.

♣ 콧구멍에 검은 기운이 있어도 급작사의 우려가 염려된다.

♣ 준두가 붉어도 흉하지만 검어도 흉한데 재물의 손실이 염려가 된다.

♣ 입술이 검으면 길거리에서 죽고, 처자식을 버릴 사람이다.

♣ 눈 섶 아래가 검으면 집안에 우환이 생긴다.

♣ 흑색은 대체적으로 흉으로 보고, 우환의 상징으로 보는데 어느 부위를 막론하고 검은 기운이 유달리 돋보이는 것은 항상 불길한 징조이다.

색 자체가 윤기가 없고 뿌여면, 모든 것의 기가 흐름이 막힌 것이라, 매사 시원치가 않고 건강도 항상 먹구름인 상태이니 장수와는 거리가 멀어진다.

⑥ 홍색(紅色)

❋ 홍색은 황색과 그 작용이 거의 비슷하다.

●화토(火土)는 동격(同格)이라는 것과 마찬가지로 황색(黃色)과 홍색(紅色)은 그 작용이 같다고 생각을 하면 될 것이다.

●홍색(紅色)은 마치 타오르는 불꽃과 같아 빛이 분명하고 윤택함을 꼽는다.

●홍색(紅色)은 길 색(吉 色)으로 본다. 홍조를 띤 얼굴이 복된 얼굴이다.

⑦ 자색(紫色)

❋ 색(色)중에서 제일 상스럽고, 고귀한 색이다.

황색과 홍색의 계열이므로, 그와 작용이 유사하다고 보면 될 것이다.

그러나 그 기운은 더 크고 , 길고, 부족함이 없다고 생각하면 된다.

●계절(季節)에 관계없이 항상 왕 하여 부족함이 없는 색이다.

색(色)도 그 고유의 색이 나타나는 과정과 사라지는 과정이 다 있는데, 이 자색의 경우, 서서히 나타나면서 사라지는 그 자체는 역시 마찬가지이다.

●색(色)이란 갑작스레 나타나다 사라지는 경우도 있지만 그것은 드문 일이다.

시간상의 이야기이다. 얼핏 스치듯 지나가면서 있는 둥, 마는 둥 하는 경우는 차라리 없다고 보는 것이 좋을 것이다.

♣ 자색, 또는 지색(知色), 재색(財色)을 겸비(兼備)하였다는 말들을 들어보았을 것이다.

그것이 바로 이 자색을 설명하는 것도 포함이 된다.

이 자색(紫色)이 처음 발할 때는 물개의 털과 같이 유연하면서도 촉촉한 맛을 나타내고, 이 색의 기운이 강할 때는 마치 자주 빛 복숭아와 같이 창연함을 나타내고, 사라질 무렵이면 안개가 산허리를 감싸듯 신비스러운 광경을 연출하는 듯 아름다운 형상을 이룬다.

선천적으로 이 색의 기운이 강한 사람은 그 색이 좀처럼 잘 사라지지가 않는다. 또한 잘 흩어지지도 않는다.

너무 붉지도 않으면서 색이 선명하고 아름다워 색중의 색으로 표현한다.

이 색은 때와 장소가 없이 항상 나타나는 귀한 색으로, 길조(吉兆)의 상징(象徵)이다.

그 외에 십이월, 십이궁, 기타 여러 가지 보는 기색(氣色)도 있으나 차후 기회가 되면 설명을 하고, 질병(疾病)에 관한 부분이므로 병(病)과 연관 지어 살펴보자.

◈ 병(病)으로 보는 상법(相法).

♣ 간장병(肝腸病)

간장기능에 이상이 생기는 경우이다.

사주 상으로는 木과 연관이 지어진다.

지나치게 신약하거나, 木의 기운이 지나치게 설기 되거나, 기타 형, 충, 파, 해 등 불미스러운 상황이 운이나, 원국 자체에서 이루어지는 경우인데 간장계통에 이상이 있는 사람은 우선 그 혈이 눈으로 연결이 되므로, 두 눈의 눈동자가 붉거나 누르고, 머리카락도 木과 연관이 되므로 거칠고, 윤기가 없고 기색의 경우 윤기가 없고 거칠어 보이고, 木은 신경과 연관이 되니 조그마한 일에도 쉽게 짜증을 내고 성내고, 비 맞은 닭과 같고 혼자서 중얼거리는 듯 형상이 별로 밝은 기운이 없다.

♣ 해소, 천식

● 金과 연관이 되는데, 눈 밑의 살이 뜨고 얼굴의 빛이 밝지 못하고 누리고 거칠어 보인다.

● 氣의 운행이 원만하지가 못하여 안 먹어도 먹은 것처럼 헛배가 부르고 마치 소화불량인 것처럼 느껴진다.

● 가래가 항상 목안에서 맴돌아 숨 쉬는 것이 힘든 것처럼 항상 짧은 호흡을 한다.

♣ 신장병(腎腸病)

신장은 오행상 水요, 귀와 혈맥이 연관이 지어지니 귀, 이마가 검어지고, 눈동자 또한 순환의 부족으로 인하여 침침하고 어두운 빛을 나타낸다.

♣ 폐병(肺病)

● 얼굴에 있어서 관골 부분이 붉으면 폐가 심히 뜨거운 것이다.

● 관골이 검으면 혈액이 응고된 것이라 폐가 냉한 것도 원인이 되고, 해혈(咳血), 吐血(토혈),천식(喘息)이 나타난다.

♣ 위장, 비장 계통에 이상이 있는 경우.
오행 상으로는 土와 관련이 되어 진다.
얼굴색이 붉은 빛이 없어지고, 푸르거나, 누렇게 뜬 형상이고 몸의 살이 마르면서 입술이 마르면서 하얗게 되도, 덥지도 않은데 식은땀을 흘리듯 땀을 많이 흘린다.

♣ 중풍
눈빛이 남백색(濫白色)을 나타낸다.

♣ 여성 질환일 경우.
생리불순이나 ,냉, 대하증일 경우는 관골이 열기를 띠어 자연히 붉어지게 된다. 그래서 평소보다 유난히 색이 붉어질 경우 성격이 갑자기 짜증을 잘 내거나 말이 없어질 경우, 우리는 상대의 여성이 월경주기에 속한 것으로 보아야 하는 것이다. 세심한 주의가 필요한 것이다.
　정상적일 경우는 별로 문제 될 것이 없는데 심할 경우는 이상이 있다고 보는 것이다. 도벽이 발동하는 경우도 있다. 소유욕, 지나친 물건의 구입주기가 일정하지 않다던가, 양의 과소에 따른 문제, 색의 검은 정도라든가 기타 여러 문제가 있는 것으로 추정을 한다. 눈썹의 털이 지저분하여진다.

♣ 발기부전증
얼굴빛이 꺼칠하고 연기가 씌운 듯 맑지가 못하다.
눈에는 광채가 사라져 마치 동태의 눈과도 같다.

♣ 수전증
혈이 혈관을 잘 통하지 못하므로 일단은 혈액순환이 어렵다.
손가락을 굽었다 폈다 하는데 힘이 없고, 어떨 경우는 그것도 힘이 들어진다.

♣ 속이 냉한 사람의 경우.

입술의 색을 보는데 푸른색을 나타낸다.

푸른색의 경우는 많으므로 속단적인 판단에 앞서 전체적인 상황을 더 보라 .
사주를 살펴보면 더 정확한 진단을 할 수가 있을 것이다.

♣ 기(氣)가 허(虛)할 경우

얼굴이 누렇게 뜨고, 부은 듯하고, 거칠고, 창백한 기운도 보인다.

♣ 정신적인 이상

얼굴에 남청색이 비친다.

♣ 피가 부족한 사람.

코의 끝인 준두와 콧대가 검은 빛을 나타낸다.

♣ 콩팥에 이상이 있으면

귀가 흑색을 띤다.

기타 그 이외에도 많지만 전문적인 관상 책이 아니므로 이 정도에서 생략을 하
고, 사주와 관상에서의 장점을 합하여 각자가 능력을 발휘한다면 좋은 결과가
있으리라 생각을 합니다.

---終---

─색인(Index)─
찾아보기

228

- 228 -

232

☯ 편집후기 ☯

전문적으로 의술에 관련된 분야를 배우지는 않았지만, 명리 학을 배우고 연구하는 사람 으로써, 또 계속 정진하는 모습으로 우리 모두가 전문인 뒤지지 않는 상식을 가져야 한다는 생각으로 만들어보았습니다.

모자라는 부분이 많지만 더욱 더 노력을 하기위한 과정이라 생각을 하면서, 상담 시에 책임 질줄 아는 말을 하는 사람이 되도록 하는 것이 도리라 생각하여 부족하지만 스스로를 채찍질 하여 봅니다.

의학전문분야의 도서와 많은 내용을 참고하고, 지인들의 도움으로 모자라는 부분을 다소나마 보충하였음을 알려드리고, 많은 부분에서 추리다보니 섬세하지 못한 부분도 있을 것입니다.

더욱 분발하여 다음에는 더욱 더 세분화 되고, 치밀한 내용을 적어보렵니다.

한 명호 올림.

움직이는 만큼 오래 산다.

엮은이 / 한명호
펴 낸 이 / 한원석
펴 낸 곳 / 두원출판미디어
강원도 춘천시 효자3동612-2
☎ 033) 242-5612,244-5612 FAX 033) 251-5611
Cpoyright ⓒ2021 , by Dooweon Media Publishing Co.
이 책의 내용은 저작권법에 따라 보호받고 있습니다.

판권은 본사의 소유임을 알려드립니다.
등록 / 2010.02.24. 제333호
♣ 파본, 낙장본은 교환하여 드립니다.
홈페이지: www.dooweonmedia.co.kr
:   www.internetsajoo.com
♣ E-mail :doo1616@naver.com

초판 1쇄 2021. 07. 26 ISBN 979-11-85895-26-0

정가 23,000 원

판권 본사
소유 의인